Food and more
WELLNESS FÜR GENIESSER

FOOD and more

WELLNESS

FÜR GENIESSER

MOEWIG

Inhalt

INFO

FRÜHSTÜCK

SALATE & ROHKOST

QUARK & JOGHURT

GEMÜSESCHLEMMEREIEN

FEINE FISCHGERICHTE

FLEISCH & GEFLÜGEL

GETREIDEVARIATIONEN

KRÄUTER- & GEWÜRZKÜCHE

FRUCHTIGE DESSERTS

Bohnen-Salat mit Hähnchen (Seite 26)

TOLLE DRINKS

Schönheit fängt im Kopf an

Sich rundum wohl zu fühlen – dieses Ziel hat wohl jeder. Um es zu erreichen, müssen wir dafür sorgen, dass es uns körperlich und seelisch gut geht. Und dabei spielen die eigene Einschätzung unseres Körpers und das Akzeptieren von vermeintlichen Fehlern eine grosse Rolle. Denn wer mit sich selbst zufrieden ist, strahlt dies auch aus.

DER SCHÖNE SCHEIN

Glauben wir der Werbung, so können eigentlich nur makellos schöne und gertenschlanke Menschen glücklich und erfolgreich sein. Beim Blick in den Spiegel kann da schon mal Frust aufkommen. Doch davon sollte sich niemand verrückt machen lassen. Denn nichts ist von der Realität so weit entfernt, wie die Schönheitsideale. Auch Models haben ihre Schönheitsfehler, die nur geschickt kaschiert oder überschminkt werden. Und der Preis, den sie für ihre meist überschlanke Figur zahlen, geht oft auf Kosten der Gesundheit und Lebensqualität.

POSITIVES DENKEN

Machen Sie sich frei von der Vorstellung, in die kleinste Konfektionsgröße passen zu müssen und nur mit makelloser Haut, Haaren und Fingernägeln attraktiv zu sein. Konzentrieren Sie sich lieber darauf, was Ihnen an Ihrem Körper gefällt und heben Sie Ihre Vorzüge hervor. Stehen Sie selbstbewusst zu Ihren Fehlern, denn gerade die kleinen Macken machen uns zu unverwechselbaren Individuen. Das soll jedoch nicht bedeuten, dass man nichts mehr für sich und seinen Körper tun muss. Setzen Sie aber Ihre persönlichen Maßstäbe, wenn es darum geht, wie Sie sich in Ihrer Haut wohl fühlen.

VOM IDEAL- ZUM WOHLFÜHLGEWICHT

Noch vor wenigen Jahren waren Begriffe wie „Normal-“ und „Idealgewicht“ in aller Munde. Sie errechneten sich nach der einfachen Formel: Größe in cm minus 100 ist „normal“, minus 10 % für Männer bzw. 15 % für Frauen ist „ideal“. Alles was über dem Normalgewicht lag, galt schon als Übergewicht. Diese Formel sollten Sie möglichst schnell wieder vergessen. Denn sie lässt einen zu geringen Spielraum für individuelle Unterschiede wie z.B. Alter, Körperbau etc. In letzter Zeit wurde deshalb stattdessen der Begriff des Wohlfühlgewichtes aufgeworfen. Wie der Name schon sagt, handelt es sich dabei um das Gewicht, bei dem man sich rundum wohl fühlt. Doch natürlich gibt es auch dafür Grenzen, die durch den Anstieg der gesundheitlichen Risiken beim Über- bzw. Unterschreiten bestimmter Gewichtsgrenzen begründet sind.

BMI-DIE FORMEL FÜR'S GEWICHT

Die neue Formel, die Auskunft darüber gibt, ob eine Diät aus gesundheitlichen Gründen wirklich nötig ist, heißt „Body Mass Index“ (Körpermassenindex, kurz BMI). Berechnungsgrundlage ist das momentane Körpergewicht in Kilogramm. Dieses wird durch die Körpergröße in Metern zum Quadrat geteilt. Der so ermittelte Wert ist der BMI (Beispiel: 70 kg : $(1{,}70\text{m})^2 = 24{,}2$).

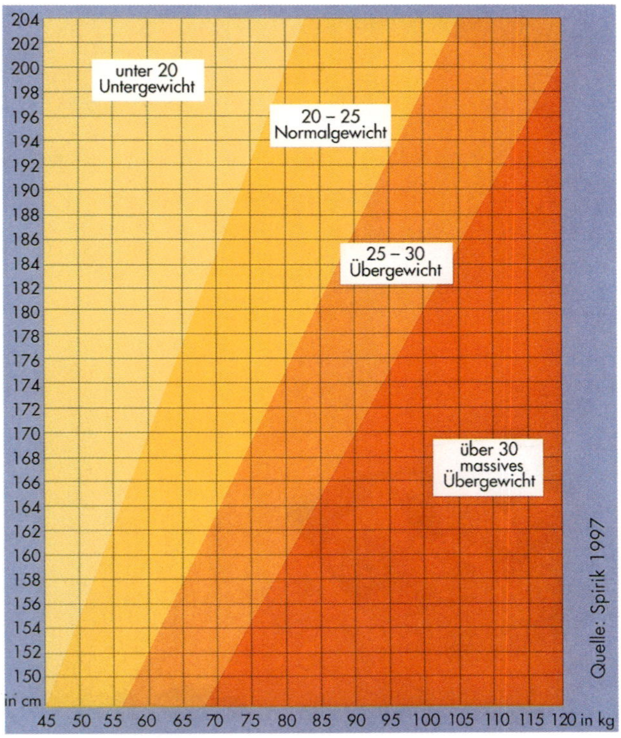

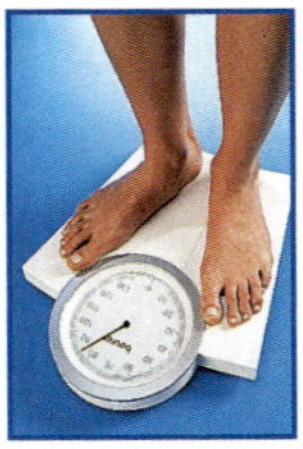

BEHALTEN SIE IHR GEWICHT IM AUGE. DENN ÜBER- ODER UNTERGEWICHT GEFÄHRDEN DIE GESUNDHEIT. TÄGLICHES WIEGEN IST JEDOCH NICHT NÖTIG. EINMAL WÖCHENTLICH REICHT.

Bei diesem Beispiel liegt der BMI zwischen 20 und 25. Dies bedeutet Normalgewicht. Unter 20 hat man Untergewicht und zwischen 25 und 30 ein mittleres Übergewicht. Massives Übergewicht beginnt bei einem Wert über 30. Dann sollten Sie unbedingt abnehmen, selbst wenn Sie sich momentan noch wohl fühlen. Denn auf Dauer drohen gesundheitliche Schäden wie Herz-Kreislauf-Probleme und Bluthochdruck. In welchem Gewichtsbereich Sie sich bewegen, können Sie ganz einfach in der Tabelle oben ablesen. Ganz normal? Damit ist eine Voraussetzung, rundum gesund und fit zu bleiben, bereits erfüllt.

Bausteine für's Wohlbefinden

EIN BEWUSSTER UMGANG MIT LEBENSMITTELN, SPARSAMES HAUSHALTEN MIT KÖRPERLICHEN RESERVEN UND DIE FÄHIGKEIT, AUCH MAL ABSCHALTEN ZU KÖNNEN, SPIELEN EINE WICHTIGE ROLLE.

VOLLWERTIGE ERNÄHRUNG

Damit unser Körper optimal funktioniert, braucht er nicht nur genügend Energie, sondern diese auch in der richtigen Mischung. Schließlich fährt ein Benziner auch nicht mit Diesel. Eine ausgewogene Mischkost, d.h. von allem etwas, und das möglichst naturbelassen, ist hier genau das Richtige. Sie versorgt unsere Körperzellen mit allen wichtigen Nährstoffen, die zum Aufbau, Erhalt und für die Funktion der einzelnen Organe notwendig sind. Auch eine ausreichende Flüssigkeitsaufnahme ist wichtig, damit es uns und unserem Körper gut geht. Mehr dazu finden Sie auf den folgenden Seiten.

SCHLAFEN MACHT SCHÖN

Augen zu und abtauchen in die Welt der Träume – ausreichender Schlaf ist unerlässlich dafür, dass wir fit und gesund bleiben. Im Schlaf tanken wir neue Energie, während der Organismus auf Sparflamme brennt. Die Muskeln entspannen sich, Herz, Puls, Blutdruck und Atmung laufen langsamer. Nur die Haut arbeitet auf Hochtouren. Zwischen Mitternacht und sechs Uhr morgens ist die Zellteilung am intensivsten. Und das ist die Voraussetzung für schöne, glatte Haut. Schlafen entspannt also nicht nur, sondern macht auch schön.

GENUSSMITTEL IN MASSEN

Alkohol und Nikotin sind auf Dauer gesundheitsschädlich. Zwar gibt es Untersuchungen, die belegen, dass ein Gläschen Wein eine positive Wirkung auf die Blutgefäße haben kann, aber

das lässt sich auch durch andere Maßnahmen erreichen. Alkohol hat reichlich Kalorien und entzieht dem Körper Flüssigkeit. Er kann Leber und Gehirn schädigen. Gründe genug, ihn nur zu besonderen Anlässen zu genießen. Auch mit Zigaretten tun wir unserem Körper nichts Gutes. Abgesehen vom erhöhten Krebsrisiko lässt Rauchen die Haut schneller altern und verschlechtert die Kondition. Wer gesund und fit bleiben möchte, sollte auf den blauen Dunst verzichten.

BEWEGUNG IM FREIEN

Ob Fahrrad fahren, joggen oder einfach nur spazierengehen – ein bisschen frische Luft täglich sollten Sie sich schon gönnen, damit Ihr Körper ausreichend mit Sauerstoff versorgt wird. Durch die Bewegung im Freien wird außerdem der Kreislauf angekurbelt. Und wenn dann noch die Sonne scheint, steigt unsere Stimmung gleich um einige Grade.

SORGFÄLTIGE KÖRPERPFLEGE

Wasser und Seife genügen nicht immer, damit wir uns mit Haut und Haaren wohl fühlen. Mit zunehmendem Alter wird auch die Körperpflege anspruchsvoller. Speziell auf den Hauttyp abgestimmte Pflegeprodukte, von der Waschlotion über Peeling bis hin zur Creme, sorgen dafür, dass die Haut möglichst lange gesund und elastisch bleibt. Gönnen Sie sich also ruhig öfter mal etwas Zeit für die Schönheitspflege im Badezimmer.

HARMONIE VON KÖRPER UND SEELE

Last but not least darf neben dem Körper auch die Seele nicht zu kurz kommen. Eigene Wünsche und Bedürfnisse sollten nicht immer hinten anstehen und Probleme nicht auf die lange Bank geschoben werden. Denn das macht auf Dauer unzufrieden mit sich und seiner Umwelt. Wer öfter mal in sich hineinhorcht, auch mal von Zeit zu Zeit eine Auszeit nimmt und seine innere Stimme beachtet, kann zufriedener und viel entspannter durchs Leben gehen.

Mal ein Glas Wein kann nicht schaden und ist für viele ein Stück Lebensqualität. Trotzdem ist beim Alkohol Zurückhaltung geboten.

Essen mit Verstand

DIE MISCHUNG MACHT'S

Um unseren täglichen Energiebedarf zu decken, müssen wir essen und trinken. Dabei kommt es nicht allein darauf an, wie viel wir zu uns nehmen, sondern auch was. Denn Lebensmittel haben aufgrund ihrer Zusammensetzung einen unterschiedlichen Energiegehalt, und die einzelnen Nährstoffe erfüllen außerdem verschiedene Aufgaben im Körper.

KOHLENHYDRATE GEBEN SCHWUNG

Die wichtigste Energiequelle sind Kohlenhydrate, zu denen Stärken und Zucker gehören. Sie sind für unseren Körper besonders leicht verwertbar und sorgen für einen raschen Kraftschub. 60–65 Prozent unseres täglichen Energiebedarfs sollten durch Kohlenhydrate gedeckt werden. Dieser Wert wird leider oft nicht erreicht, und wenn, dann meist durch die falschen Nahrungsmittel. Denn Süßigkeiten, Limonaden und Weißmehlgebäck enthalten zwar viele Kohlenhydrate, jedoch nur wenige Vitamine, Mineral- und Ballaststoffe. Und die sind für unser Wohlbefinden ebenso wichtig wie die Energie. Gesunde Kohlenhydrat-Lieferanten sind hingegen Obst, Gemüse und Vollkorn-Getreideprodukte.

FETT LIEFERT ENERGIE UND VITAMINE

Neben den Kohlenhydraten dienen Fette als Energiequelle. Sie bringen es pro Gramm auf einen Brennwert von ca. 9 kcal, was doppelt so viel ist wie bei Kohlenhydraten und Eiweiß. Da Fette außerdem vom Körper gerne als „Reserve für schlechte Zeiten" eingelagert werden, sollte ihr Anteil an der täglichen Energiezufuhr 25 bis 30 Prozent nicht übersteigen. Andererseits dienen Fette zum Aufbau von Zellen, als Grundsubstanz für Hormone und als Trägerstoffe für die fettlöslichen Vitamine A, D und E. Aufgrund ihrer Eigenschaft als Aromaträger würde ohne sie vieles fade schmecken. Verwenden Sie also Fett in Maßen und achten Sie dabei insbesondere auf versteckte Fette, z.B. in Schokolade, Nüssen, Wurst und Kuchen. Pflanzliche Fette (z.B. Öle) mit mehrfach ungesättigten Fettsäuren sollten mindestens die Hälfte der Fettration ausmachen, da diese Fettsäuren vom Körper nicht selber hergestellt werden können.

EIWEISS DIENT ALS BAUSTEIN

Weniger zur Energiegewinnung, als vielmehr zum Aufbau neuer Zellen und Enzyme dient der dritte Nährstoff, das Eiweiß. Es besteht aus lebenswichtigen Aminosäuren, die der Körper nicht selber herstellen kann. Empfohlen wird eine Eiweißaufnahme von 0,8 g pro Kilogramm Körpergewicht, was einem Anteil von 10 bis 15 Prozent des täglichen Energiebedarfs entspricht. Besonders wertvoll und leicht ver-

Sekundäre Pflanzenstoffe

CAROTINOIDE	SAPONINE	SULFIDE	GLUCOSINOLATE
VORKOMMEN Der gelbrote Farbstoff ist in Möhren, Kürbis, Tomaten, Aprikosen, Grünkohl und Spinat enhalten. Am bekanntesten ist das Beta-Carotin.	**VORKOMMEN** Hülsenfrüchte wie Erbsen, Bohnen und Linsen sind besonders reich an Saponinen. Der Stoff kann vom Körper jedoch nur in geringen Mengen aufgenommen werden.	**VORKOMMEN** Ihnen verdanken Lauch, Zwiebeln und Knoblauch das scharfe Aroma. Denn Sulfide setzen beim Zusammenstreffen mit Sauerstoff schwefelartige Verbindungen frei.	**VORKOMMEN** Die aromatischen Verbindungen geben Gemüse und Kräutern einen scharfen Geschmack, wie bei Meerrettich, Kresse oder Kohl. SIe werden erst in Verbindung mit Sauerstoff freigesetzt.
WIRKUNG Carotinoide wirken antioxidativ, d.h. sie hindern aggressive Sauerstoffverbindungen daran, körpereigene Zellen anzugreifen. Dies hat auch positive Auswirkungen bei Krebs- und Herz-Kreislauf-Erkrankungen. Ein unkontrolliertes Wachstum von Tumorzellen kann durch sie verhindert werden. Carotinoide können vom Körper am besten in Verbindung mit Fett aufgenommen werden. Starkes Erhitzen zerstört die Stoffe.	**WIRKUNG** Besonders im Magen-Darm-Trakt sind Saponine wirksam. Sie binden das Cholesterin aus der Nahrung im Darm und verhindern so, dass es ins Blut gelangt. Die Stoffe vertragen Hitze sehr gut, gehen aber beim Einweichen und Kochen ins Wasser über. Deshalb Einweichwasser und Garflüssigkeit von Hülsenfrüchten mitverzehren.	**WIRKUNG** Sulfide sind die Tausendsassas unter den sekundären Pflanzenstoffen. Sie wirken bei der Bekämpfung von Viren, Bakterien oder Pilzen und greifen in der Immunabwehr sowie bei hohen Cholesterinwerten ein. Dadurch können sie die Gefahr von Herz-Kreislauf-Erkrankungen und Herzinfarkt verringern. Deshalb ruhig öfter mal frischen Knoblauch und Zwiebeln verzehren.	**WIRKUNG** Meerrettich und Kresse gelten als bewährte Hausmittel gegen Husten und Blasenentzündung. Zurückzuführen ist diese Wirkung unter anderem auf ihren Gehalt an Glucosinolaten. Zudem verhindern diese Stoffe, dass krebserregende Substanzen im Körper angreifen können. Übrigens: Glucosinolate reagieren empfindlich auf Hitze. Deshalb auch Kohl öfter mal roh essen.

wertbar ist Eiweiß aus tierischen Lebensmitteln wie Fleisch, Fisch, Eiern und Milchprodukten. Doch auch pflanzliche Produkte, z.B. Nüsse, Hülsenfrüchte und Getreide, versorgen den Körper mit dem wichtigen Baustoff.

BALLASTSTOFFE ENTLASTEN

Auch wenn ihr Name den Schluss nahelegt: Ballaststoffe sind alles andere als Ballast. Die unverdaulichen bzw. nicht verwertbaren Kohlenhydrate leisten einen wichtigen Beitrag für unsere Gesundheit. Sie sorgen dafür, dass wir besser kauen. Dadurch wird Speichelfluss angeregt und somit Karies vorgebeugt. Im Magen quellen Ballaststoffe auf und lassen den Blutzuckerspiegel nur langsam ansteigen. Dies ist wichtig für eine kontinuierliche Leistungsfähigkeit. Außerdem regen Ballaststoffe die Verdauung an und halten dadurch den Darm gesund (wichtig für unser Immunsystem). 30 g der Faserstoffe, die hauptsächlich in Obst, Gemüse und Vollkornprodukten vorkommen, sollten im täglichen Speiseplan enthalten sein.

NEUENTDECKUNG SEKUNDÄRE PFLANZENSTOFFE

Sie galten bis vor kurzem als überflüssig. Doch mittlerweile hat man entdeckt, dass die ca. 10.000 Einzelsubstanzen aus Pflanzen viele positive Eigenschaften besitzen. Sie stärken das Immunsystem, beugen Krebserkrankungen und Herz-Kreislauf-Beschwerden vor und unterstützen den Körper bei der Entgiftung. Zu den sekundären Pflanzenstoffen gehören unter anderem die rotgelben Farbstoffe in Möhren oder Tomaten (Carotinoide), Sulfide und Glucosinolate, die Zwiebeln, Knoblauch und Meerrettich das scharfe Aroma geben, oder Saponine (siehe Tabelle oben). Wer täglich Obst und Gemüse isst, wird ausreichend mit diesen Stoffen versorgt.

VITAMINE UND MINERALSTOFFE – DIE KLEINEN HELFER

Sie liefern keine Energie, treten nur in minimalen Mengen auf und sind für uns doch lebensnotwendig. Vitamine und Mineralstoffe übernehmen im Körper zahlreiche Funktionen. Sie dienen als „Schrittmacher“ an den Schaltpunkten unseres Stoffwechsels und zum Aufbau von Zellen. Da sie, bis auf wenige Ausnahmen, vom Körper nicht selbst produziert werden können, müssen sie über die Nahrung aufgenommen werden. Eine ausgewogene Mischkost, d.h. von allem etwas nach dem Prinzip der Ernährungspyramide (siehe unten), versorgt uns ausreichend mit den kleinen Helfern, ganz ohne zusätzliche Vitamin- oder Mineralstoff-Präparate.

DIE OPTIMALE ERNÄHRUNG

Von allem etwas und von manchem etwas mehr ist die richtige Formel für eine ausgewogene Mischkost. Dabei sollten die Lebensmittel so naturbelassen wie möglich verzehrt werden. Die Basis bilden Getreideprodukte und Kartoffeln, dicht gefolgt von Hülsenfrüchten, Obst und Gemüse. Letztere sollten fünfmal täglich auf dem Speiseplan stehen, wobei auch der Orangensaft am Morgen und die Kiwi als Zwischenmahlzeit mitzählen. Milch und Milchprodukte einmal täglich runden das Programm ab. Bei Fisch und Fleisch sollten Sie die fettarmen Sorten bevorzugen. Greifen Sie öfter zu Fisch, denn nur zweimal wöchentlich wird ein Fleischgericht empfohlen. Fette und Öle sind zwar lebensnotwendig, dürfen jedoch nur in Maßen für die Zubereitung von Speisen verwendet werden. Nüsse, Süßwaren und Ähnliches haben für eine gesunde Ernährung den geringsten Stellenwert. Deshalb möglichst nur wenig naschen. Nicht vergessen darf man hingegen das Trinken. 2 bis 3 Liter Flüssigkeit täglich, davon ca. 2 Liter am besten in Form von Mineralwasser, Saftschorle, Frucht- und Kräutertees, sind ideal. Die restliche Flüssigkeit zieht sich der Körper aus der festen Nahrung. Einen Überblick über die optimale Zusammenstellung der Nahrung gibt die Ernährungspyramide.

JE HÖHER EIN LEBENSMITTEL IN DER ERNÄHRUNGSPYRAMIDE ANGESIEDELT IST, DESTO WENIGER SOLLTE ES BEI EINER GESUNDER ERNÄHRUNGSFORM AUF DEM SPEISEPLAN STEHEN.

Essen Sie sich schön

GEWÜNSCHTER EFFEKT	UNTERSTÜTZENDE NÄHRSTOFFE	ZU FINDEN IN
KRÄFTIGE HAARE UND NÄGEL	Fluor, Zink und Kalzium festigen die Haarstruktur. Eiweiß sorgt für Glanz und Wachstum. Biotin beugt Haarausfall vor. Die Kieselsäure wirkt gegen Spliss	Hirse enthält Kieselsäure und Fluor. Milchprodukte liefern Eiweiß und Kalzium. Fische (insbesondere Heringe) sind reich an Zink. Biotin wird durch Fleisch und Hülsenfrüchte aufgenommen. Ergänzend: Ei, Haferflocken und Weizenkleie
SCHÖNE, REINE HAUT	Pantothensäure, Biotin, Vitamin-B2 und B12 unterstützen Zellwachstum und Regeneration der Haut. Vitamin-B6 wirkt ausgleichend bei fettiger Haut und B2 gegen Rötungen. Beta-Carotin dient als Zellschutz, Vitamin C sorgt für gesundes Bindegewebe	Zitrusfrüchte, Kiwis, Beeren und Paprika sind reich an Vitamin-C. Spinat, Möhren und Kohl enthalten Beta-Carotin. Gute Lieferanten für B-Vitamine, Biotin und Pantothensäure sind Vollkornprodukte, Hefeflocken, Sprossen und Pilze
GESUNDE ZÄHNE, FESTES ZAHNFLEISCH	Kalzium, Vitamin-D und Fluor härten die Zahnsubstanz. Zahnfleisch braucht Vitamin-C und Pantothensäure. Auch sehr wichtig: reichlich kauen	Milchprodukte liefern Kalzium, Hirse enthält Fluor. Eigelb, Butter und Pilze versorgen mit Vitamin-D, das aber auch vom Körper selbst gebildet werden kann. Vitamin-C-reich sind Paprika, Kiwi und Zitrusfrüchte
STRAFFES GEWEBE	Kalium schwemmt Flüssigkeit aus dem Körper. Eine gleichzeitige hohe Flüssigkeitsaufnahme und rege Verdauung sorgen für eine ständige „Reinigung“ des Körpers	Obst ist reich an Kalium. Besonders wirkungsvoll: Trockenfrüchte. Ideal: Spargel und Artischocken. Viel Mineralwasser trinken
MEHR MUSKELN	Neben kontinuierlichem Training unterstützen Eisen, Zink, Vitamin-B12 und Folsäure den Zellaufbau. Vitamin-B2 und B6 sind wichtig für den erhöhten Eiweißstoffwechsel	Hülsenfrüchte und Fleisch liefern Eiweiß und Eisen, Vollkorngetreide und Fisch Zink. Nüsse und Hartkäse in Maßen unterstützen den Muskelaufbau
GEDÄCHTNISKRAFT, NERVENSTÄRKE	Eisen, Folsäure und Vitamin-B12 fördern die Bildung roter Blutkörperchen und damit die Sauerstoffversorgung von Körper und Gehirn. Positiv für die Nerven: kohlenhydratreiche Kost mit vielen B-Vitaminen	Getreide ist reich an Kohlenhydraten und B-Vitaminen. Hülsenfrüchte und dunkles Fleisch sichern die ausreichende Versorgung mit Eisen
VITALITÄT, TATKRAFT	Antioxidative Vitamine (A, C, E) halten Zellen vital. Eiweiß in Maßen kurbelt den Stoffwechsel an. Eisen, Vitamin-B12 und Folsäure sorgen für ausreichend Sauerstoff im Blut	Kohl, Hülsenfrüchte, Pilze und Kräuter liefern antioxidative Vitamine, Eisen und Folsäure. Fettarmer Fisch, Ei und Milchprodukte versorgen mit Eiweiß und Vitamin-B12

Der Weg zum Wohlfühlgewicht

DIÄTEN AUF DEM PRÜFSTAND

Diät leitet sich von dem griechischen Wort „diaita“ ab, was so viel wie „gesunde Lebensweise“ bedeutet. Doch was heute unter diesem Begriff vermarktet wird, kann diesem Anspruch häufig nicht gerecht werden. Viele Schlankheitskuren versprechen einen raschen Gewichtsverlust durch die radikale Kürzung der Energiezufuhr. Das ist allerdings alles andere als gesund. Denn bei 1000 Kalorien oder weniger pro Tag ist es fast unmöglich, alle wichtigen Nährstoffe in ausreichender Menge aufzunehmen. Mangelerscheinungen sind somit die Folge. Den gleichen Effekt haben Diäten, die einseitig auf einzelne Nährstoffe oder Lebensmittel aufbauen. Auch sie führen zwar zu einem Gewichtsverlust, sorgen dabei aber gleichzeitig für eine Unterversorgung mit wichtigen Stoffen. Eine Übersicht und Bewertung der gängigen Diätformen bietet die Tabelle auf Seite 18.

DER JO-JO EFFEKT

Ein weiterer Nachteil radikaler Diäten: die verlorenen Pfunde sind meist genauso schnell wieder drauf, wie sie verloren wurden. Denn das rigorose Kaloriensparen führt zu einer sparsameren Haushaltsführung des Körpers. Der Grundumsatz, sprich die Energiemenge, die zur Aufrechterhaltung der Stoffwechselvorgänge benötigt wird, nimmt allmählich ab. Das heißt, der Körper kommt mit weniger Kalorien aus, ohne auf körpereigene Reserven zurückzugreifen. Ein Vorgang, der sich auch beim Abnahmeverlauf zeigt. Während am Anfang der Diät die Pfunde purzeln, rückt der Zeiger der Waage nach einigen Tagen immer weniger nach unten. Der Körper hat sich auf die geringe Energiezufuhr eingestellt. Wird nun nach der Diät wieder normal gegessen, ist das verlorene Gewicht schnell wieder drauf. Die nächste Diät ist angesagt. Dieses ständige Auf und Ab wird als Jo-Jo-Effekt bezeichnet, und kann, je öfter man Diäten macht, dazu führen, dass das Gewicht auf Dauer steigt und nicht fällt.

ABNEHMEN UND SICH WOHL FÜHLEN

Ein dauerhafter Erfolg im Kampf gegen überflüssige Pfunde lässt sich nur durch eine gezielte Ernährungsumstellung und langsames Abnehmen erreichen. Und das ist nicht nur gesünder, sondern auch aus optischen Gründen vorteilhaft. Hier wird weniger Muskelmasse abgebaut und die Haut hat Zeit, sich den veränderten Verhältnissen anzupassen. Auch Nährstoffmängel, die zu fahler Haut und stumpfem Haar führen, werden so vermieden. Wer parallel dazu noch etwas für seine körperliche Fitness tut, z.B. in Form von längeren Spaziergängen, Radtouren oder regelmäßigem

SELBERKOCHEN MIT FRISCHEN ZUTATEN – SO SCHMECKT'S AM BESTEN UND HÄLT GESUND.

Schwimmen, wird sich schon bald rundherum wohl fühlen.

TIPPS FÜR DIE ERNÄHRUNGSUMSTELLUNG

Alte Gewohnheiten lassen sich nur schwer ablegen. Wenn Sie also zu den Liebhabern von Schweinshaxe, Pommes frites, Sahnetorte und Schokolade gehören, sollten Sie Ihre Ernährung nach und nach umstellen. Denn radikaler Verzicht auf alles, was einem lieb ist, führt schnell zur Aufgabe der guten Vorsätze.

Die meisten Menschen essen zu viel und zu fett. Machen Sie sich also zunächst einmal bewusst, wie Ihr Speiseplan aussieht und versuchen Sie dann, die fettreichen Lebensmittel zu reduzieren. Das fängt schon beim Brotbelag an. Butter oder Margarine lassen sich gut durch Quark oder Frischkäse ersetzen. Geflügelaufschnitt oder Lachsschinken haben weniger Fett als Leberwurst und Salami, und auch beim Käse lässt sich durch den Griff zu fettarmen Sorten einiges an Kalorien sparen.

Reduzieren Sie nach und nach die Fleischportionen zu Gunsten von Gemüse und Kartoffeln, Reis oder Nudeln. Geben Sie fettarmem Fleisch und Geflügel den Vorzug.

Achten Sie auf versteckte Fette. Fertiggerichte, Sahnesoßen, Knabberwaren, Torten und Schokolade enthalten z.B. meist reichlich davon und sollten deshalb die Ausnahme sein. In diesem Buch finden sie zahlreiche Rezept-Ideen, die fast genauso schnell wie Fertiggerichte zuzubereiten, dafür jedoch wesentlich gesünder sind. Soßen lassen sich auch gut mit püriertem Gemüse binden und wenn die Lust auf's Knabbern kommt, sollten Sie es einmal mit Reiswaffeln statt mit Chips probieren. Auch die Lust auf Süßes lässt sich in den meisten Fällen durch ein einzelnes Bonbon, oder besser noch durch Fruchtjoghurt und frische Früchte befriedigen. Es ist alles nur eine Frage der Gewohnheit!

NATUR IST TRUMPF

Neben dem Zuviel an Fett ist auch der Griff zu zuckerreichen und industriell stark verarbeiteten Produkten ein Hemmschuh für die gesunde Ernährung. Diese Produkte haben eine geringe Nährstoffdichte, d.h. sie versorgen uns zwar mit Energie, enthalten aber kaum Vitamine und Mineralstoffe.

Bevorzugen Sie deshalb möglichst wenig verarbeitete Lebensmittel wie Vollkornbrot, -nudeln oder -reis und wählen Sie lieber frisches oder tiefgefrorenes Obst und Gemüse statt Weißmehlprodukten und Konserven. Und statt süßer Limonade löschen auch Fruchtsaftschorlen oder Früchtetees den Durst.

Sie sehen also, es gibt viele Möglichkeiten um Fett und Kalorien zu sparen, ohne dabei auf Genuss zu verzichten. Und dass Sie dabei auch noch einige überflüssige Pfunde verlieren können und sich rundum gesund ernähren, ist ein angenehmer „Neben-"Effekt.

Diäten im Vergleich

Diätform	Prinzip	Beurteilung
FdH (Friss die Hälfte)	Die Mahlzeiten werden willkürlich verkleinert oder gestrichen	Planlos, Gefahr von Mangelerscheinungen, kein Lern- und Dauererfolg
Einseitige Diäten	Ob Eier, Steaks, Fisch oder Kartoffeln – ein Lebensmittel steht im Mittelpunkt der Diät und wird ausschließlich oder kombiniert mit nur wenigen anderen Lebensmitteln gegessen	Je einseitiger die Lebensmittelauswahl, desto größer die Gefahr von Mangelerscheinungen. Diätabbruch ist vorprogrammiert. Einzelne „schlank machende" Lebensmittel gibt es nicht. Kein Lernerfolg
Diäten mit extremer Nährstoffrelation	Meist werden Kohlenhydrate verbannt. Man darf nur Eiweiß und Fett essen	Erfolg beruht meist darauf, dass man aufgrund der ungewohnten Ernährungszusammenstellung weniger isst. Auf Dauer Gefahr von Mangelerscheinungen und Stoffwechselbelastung. Kein Lernerfolg
Trennkost	Kohlenhydrate und Eiweiße dürfen nicht gleichzeitig verzehrt werden	Abnahmeerfolg nur bei Kalorieneinschränkung. Praktisch schwer durchführbar. Stoffwechselphysiologisch nicht sinnvoll. Kein Lernerfolg
Intervall-Diäten	Es wird nur tageweise Diät gehalten. Dazwischen kann normal gegessen werden	Wenn insgesamt ausgewogen gegessen wird, keine Gefahr von Mangelerscheinungen. Diese Methode wirkt dem diätbedingten Stoffwechsel-Sparmechanismus entgegen
Fasten (Nulldiät, Saftfasten, proteinergänztes Fasten)	Geringe oder keine Energiezufuhr, dafür reichlich Flüssigkeit in Form von Tee, Gemüsebrühe, Saft oder Mineralwasser	Mehr als eine Schlankheitsmaßnahme. Gewichtsverlust beruht größtenteils auf Wasserverlust und Muskelabbau. Nur unter ärztlicher Aufsicht durchzuführen
Schalttage	Einzelne Tage im Wochenverlauf, an denen anders gegessen wird, z.B. nur Obst oder Reis, Safttag	Gleicht kleine Kaloriensünden rechtzeitig wieder aus. Schalttage mit Säften, Reis und Gemüse wirken reinigend und entwässernd
Energiereduzierte Mischkost	Ausgewogene Ernährung, von allem etwas. Dabei 500 bis 1000 Kalorien weniger essen als gewöhnlich. Wenig Fett, viele Kohlenhydrate	Durch bewusste Ernährungsumstellung und langsames Abnehmen dauerhafter Erfolg. Ernährungsform kann auch nach der Diät beibehalten werden

Die besten Wellness-Tipps

WER SICH WOHL FÜHLEN MÖCHTE, SOLLTE NICHT NUR AUF SEINE ERNÄHRUNG ACHTEN. AUCH FITNESS, KÖRPERPFLEGE UND MENTALE AUSGEGLICHENHEIT SIND WICHTIGE VORAUSSETZUNGEN, UM DIE HARMONIE ZWISCHEN KÖRPER UND SEELE ZU ERHALTEN.

ERNÄHRUNG

Obst und Gemüse satt
Essen Sie reichlich Obst und Gemüse. Denn sie sind figurfreundlich und liefern zahlreiche Vitamine und Mineralstoffe.

Reichlich Trinken
Mineralwasser, Früchte- und Kräutertees sorgen dafür, dass der Flüssigkeitshaushalt im Lot bleibt. Vor den Mahlzeiten bremsen sie den Hunger.

Mehrere Mahlzeiten
Essen Sie lieber 5 bis 6 kleine Mahlzeiten täglich als 3 große. So wird Ihr Körper gleich bleibend mit Energie versorgt, Heißhunger kommt nicht auf.

Bewusst genießen
Nehmen Sie sich Zeit zum Essen, kauen Sie jeden Bissen gründlich. Das Sättigungsgefühl setzt nämlich erst nach ca. 20 Minuten ein.

Reichlich Ballaststoffe
Die unverdaulichen Faserstoffe aus Obst, Gemüse und Getreide regulieren die Verdauung und beeinflussen den Stoffwechsel positiv.

FITNESS

In Bewegung bleiben
Sorgen Sie für sportlichen Ausgleich, damit die Muskeln nicht erschlaffen und der Kreislauf in Schwung kommt. Ca. 3-mal pro Woche 30 Minuten Rad fahren oder schwimmen reichen schon.

Der Puls macht's
Ausdauersportarten sind ideal, um fit zu bleiben. Doch behalten Sie Ihren Puls im Auge. Der ideale Trainingspuls errechnet sich nach der Formel: 220 minus Lebensalter minus 30 %.

Übungen zwischendurch
Leichte Dehnungsübungen oder das Anspannen von Po- und Bauchmuskulatur lassen sich auch im Büro machen und halten die Muskeln in Form.

Nicht zu bequem
Nutzen Sie jede Gelegenheit, um sich zu bewegen. Lassen Sie öfter mal das Auto stehen und benutzen Sie die Treppe statt den Fahrstuhl.

SCHÖNHEIT

Wasser marsch
Das klare Nass ist nicht allein zum Reinigen von Haut und Haaren wichtig. Wechselgüsse mit kaltem und warmem Wasser sorgen dafür, dass die Haut gut durchblutet wird und straff bleibt.

Tee-Kompressen
Gegen müde Augen helfen Kompressen mit Pfefferminztee. Einfach 2 Beutel Tee aufbrühen, etwas abkühlen lassen und für 10 bis 15 Minuten auf die geschlossenen Augen legen.

Honig für die Lippen
Rauhe Lippen werden wieder zart und geschmeidig, wenn Sie sie mit Honig bestreichen. Er bindet Feuchtigkeit.

PSYCHE

Musik entspannt
Stresshormone lassen sich mit entspannender Musik um bis zu 20 Prozent senken. Lieblingslieder haben dabei den besten Effekt auf die Psyche.

Keine Verbote
Setzen Sie sich selbst nicht unter Druck, indem Sie sich Verbote auferlegen. Wer im Großen und Ganzen vernünftig lebt, darf auch mal über die Stränge schlagen.

Der gute Start
FRÜHSTÜCK

KNUSPER MÜSLI MIT MÖHRE UND APFEL

Foto

ZUTATEN FÜR 4 PERSONEN:

200 g Möhren
3 EL Zitronensaft
2 Äpfel
175 g Vitalis Knusper Müsli mit Rosinen
400 ml Zitronenbuttermilch
2–3 EL flüssiger Honig
nach Belieben Minzeblättchen zum Verzieren

◆ Möhren putzen und eventuell schälen. Möhren auf der Haushaltsreibe grob raspeln. Mit der Hälfte des Zitronensaftes beträufeln. Die Äpfel waschen. Von 1 Apfel ca. 1/4 herausschneiden, Kerngehäuse entfernen und das Fruchtfleisch in Spalten schneiden.

◆ Restliche Äpfel schälen, vierteln und Kerngehäuse herausschneiden. Äpfel grob raspeln und mit dem übrigen Zitronensaft beträufeln.

◆ Müslimischung, Möhrenraspel und Apfelraspel auf vier Schalen verteilen.

◆ Zitronenbuttermilch und Honig glatt verrühren. Über das vorbereitete Müsli gießen. Mit Apfelspalten und nach Belieben mit Minzeblättchen verzieren und sofort servieren.

Zubereitungszeit ca. 15 Minuten.
Pro Portion ca. 1300 kJ/310 kcal.
E: 8 g, F: 8 g, KH: 52 g.

SÜSSE UND HERZHAFTE CROISSANTS

ZUTATEN FÜR 6 STÜCK:

1 Packung (250 g) gekühlter Frischteig für Croissants
4 EL geriebener Emmentaler-Käse
2 EL Sesamsamen
75 g Marzipan-Rohmasse
2 EL gehackte Pistazien
1 Eigelb
etwas Butter

◆ Teig entrollen und in Dreiecke trennen. 3 Stück mit Käse und Sesam bestreuen. Restliche Dreiecke mit je einer kleinen Rolle Marzipan belegen. Mit Pistazien bestreuen.

◆ Teigdreiecke von der breiten Seite her locker aufrollen. Auf ein mit Backpapier ausgelegtes Backblech legen. Mit verquirltem Eigelb bestreichen.

◆ Croissants im vorgeheizten Backofen (E-Herd: 200 °C/ Umluft: 175 °C/ Gas: Stufe 3) etwa 12 Minuten backen. Mit Butter bestrichen servieren.

Zubereitungszeit ca. 25 Minuten.
Pro Stück ca. 1050 kJ/250 kcal.
E: 7 g, F: 15 g, KH: 22 g.

AVOCADO-KRABBEN-BROT

Foto

ZUTATEN FÜR 2 PERSONEN:

½ reife Avocado
etwas Zitronensaft
50 g Tiefsee-Krabbenfleisch
2 Scheiben Vollkornbrot (à ca. 40 g)
4 EL Doppelrahm-Frischkäse
grober Pfeffer zum Bestreuen
Zitronenspalten zum Garnieren

◆ Den Stein aus der Avocado entfernen und die Frucht schälen. Fruchtfleisch in dünne Spalten schneiden und mit Zitronensaft beträufeln. Krabben kalt abspülen und abtropfen lassen.

◆ Die Brote mit Frischkäse bestreichen und mit Avocadospalten und Krabben belegen. Mit Pfeffer bestreuen und mit Zitronenspalten garnieren.

Zubereitungszeit ca. 10 Minuten.
Pro Portion ca. 1420 kJ/340 kcal. E: 11 g, F: 25 g, KH: 17 g.

◆

PUTEN-SANDWICH

ZUTATEN FÜR 4 PERSONEN:

1 Möhre
½ Bund Schnittlauch
4 EL Salatmayonnaise
100 g Vollmilch-Joghurt
etwas Curry, Salz, Pfeffer
2 Kiwis
8 Scheiben Vollkornbrot
75 g Butter/Margarine
einige Blätter Kopfsalat
8 Scheiben geräucherter Putenbrust-Aufschnitt

◆ Möhre schälen, fein raspeln. Schnittlauch in Röllchen schneiden. Mayonnaise, Joghurt, Möhrenraspel und Schnittlauch verrühren. Mit Curry, Salz und Pfeffer würzen.

◆ Kiwis schälen und in Scheiben schneiden. Brote mit Fett bestreichen. 4 Scheiben Brot mit je 1–2 Salatblättern, 2 Scheiben Putenbrust und Kiwi belegen. Creme darauf verteilen. Mit je einer Brotscheibe bedecken.

Zubereitungszeit ca. 20 Minuten.
Pro Portion ca. 2100 kJ/500 kcal. E: 22 g, F: 26 g, KH: 45 g.

HERZHAFTE LAUGENSTANGEN

ZUTATEN FÜR 2 PERSONEN:

2 Eier
2 Laugenstangen (à ca. 80 g)
2 EL Doppelrahm-Frischkäse
4 Scheiben roher Schinken (z. B. Katenschinken)
etwas Kresse zum Bestreuen

◆ Eier in ca. 10 Minuten hart kochen. Kalt abschrecken, schälen und in Scheiben schneiden.

◆ Laugenstangen aufschneiden und mit dem Frischkäse bestreichen. Mit den Schinkenscheiben und Eiern belegen. Kresse vom Beet schneiden und die Stangen damit bestreuen.

Zubereitungszeit ca. 15 Minuten.
Pro Portion ca. 2770 kJ/660 kcal.
E: 29 g, F: 40 g, KH: 37 g.

Wer es gern noch etwas aromatischer mag, kann den Frischkäse mit Gewürzen wie weißer Pfeffer, Curry oder Edelsüß-Paprika abschmecken. Auf das Würzen mit Salz sollten Sie besser verzichten.

LAND MÜSLI MIT BUNTEN FRÜCHTEN

FOTO

ZUTATEN FÜR 4 PERSONEN:

1 Becher (150 g) Crème fraîche
1 Becher (150 g) Vollmilch-Joghurt
2 Päckchen Vanillin-Zucker
2 Orangen
2 mittelgroße Birnen
1 mittelgroßer Apfel
150 g Vitalis Land Müsli

◆ Crème fraîche, Joghurt und Vanillin-Zucker verrühren. Orangen so schälen, dass die weiße Haut vollständig entfernt wird. Orangen in Scheiben schneiden.

◆ Birnen und Apfel waschen, vierteln und die Kerngehäuse herausschneiden. Birnen in Spalten, Apfel in Würfel schneiden. Obst mit dem Müsli auf vier Tellern anrichten. Jeweils einen Klecks von der Joghurtcreme darauf geben.

Zubereitungszeit ca. 10 Minuten.
Pro Portion ca. 1520 kJ/360 kcal.
E: 6 g, F: 14 g, KH: 52 g.

◆

FLAKES MIT OBST UND JOGHURT

ZUTATEN FÜR 2 PERSONEN:

1 Kiwi
1 Banane
1 kleiner Apfel
½ Papaya
100 g Crunchy Nut (Flakes mit Erdnüssen und Honig)
2 Becher (à 150 g) Sahne-Joghurt

◆ Kiwi und Banane schälen und in Scheiben schneiden. Apfel gründlich waschen, trockenreiben und vierteln. Kerngehäuse entfernen und die Apfelviertel klein schneiden.

◆ Papayahälfte schälen, entkernen und in Spalten schneiden. Crunchy Nut, Joghurt und Obst auf zwei Müslischalen verteilen.

Zubereitungszeit ca. 20 Minuten.
Pro Portion ca. 2010 kJ/480 kcal.
E: 9 g, F: 17 g, KH: 69 g.

ERDBEER-MASCARPONE-HONEYS

ZUTATEN FÜR 4 PERSONEN:

375 g Erdbeeren
100 g Zucker
125 g Mascarpone (ital. Frischkäse)
500 g Magerquark
1 Päckchen Vanillin-Zucker
75 ml Mineralwasser
150 g Vitalis Knusper Honeys
nach Belieben Zitronenmelisse zum Verzieren

◆ Erdbeeren waschen und abtropfen lassen. Zwei Erdbeeren halbieren und zum Verzieren zur Seite legen. Restliche Früchte putzen und halbieren. Erdbeeren mit 25 g Zucker bestreuen.

◆ Mascarpone, Quark, Vanillin-Zucker und restlichen Zucker mit den Schneebesen des Handrührgerätes verrühren. Mineralwasser unterrühren.

◆ Erdbeeren, Mascarponecreme und Knusper Honeys in vier Dessertgläser füllen. Mit restlichen Erdbeeren und nach Belieben mit Zitronenmelisse verziert servieren.

Zubereitungszeit ca. 20 Minuten.
Pro Portion ca. 2140 kJ/510 kcal.
E: 22 g, F: 20 g, KH: 59 g.

BOHNEN-SALAT MIT HÄHNCHEN

ZUTATEN FÜR 4 PERSONEN:

1 Packung (300 g) tiefgefrorene dicke Bohnen
150 g grüne Bohnen
Salz
2 doppelte Hähnchenfilets
6 EL Öl
weißer Pfeffer
1 kleine Zwiebel
50 g Frühstücksspeck
4 EL Weißwein-Essig
1 Kopfsalat

◆ Bohnen auftauen lassen und evtl. aus der Schale drücken. Grüne Bohnen putzen, waschen und halbieren. Grüne und dicke Bohnen in kochendem Salzwasser ca. 10 Minuten bissfest garen.

◆ Hähnchenfilets halbieren, kalt abspülen und trockentupfen. In 2 Esslöffel heißem Öl ca. 10 Minuten rundherum braten. Mit Salz und Pfeffer würzen.

◆ Bohnen abgießen, kalt abschrecken und abtropfen lassen. Bohnen erkalten lassen.

◆ Zwiebel schälen und fein würfeln. Speck in Streifen schneiden. Hähnchen aus der Pfanne nehmen und warm stellen.

◆ Zwiebel und Speck im Bratfett braten. Restliches Öl, Essig und 2 Esslöffel Wasser zufügen. Marinade mit Salz und Pfeffer abschmecken.

◆ Salat putzen, waschen und in mundgerechte Stücke zupfen. Bohnen und Salat mit der Speckmarinade vermengen. Hähnchenfilets in Scheiben schneiden und mit dem Salat anrichten. Dazu schmeckt Baguette.

Zubereitungszeit ca. 40 Minuten.
Pro Portion ca. 2520 kJ/600 kcal.
E: 50 g, F: 29 g, KH: 33 g.

Vitalstoffe pur
SALATE & ROHKOST

ORANGEN-FENCHEL-SALAT

FOTO

ZUTATEN FÜR 4 PERSONEN:

2 Orangen
100 g Feldsalat
2 kleine Fenchelknollen
1 Packung (100 g) Radieschensprossen
1 Knoblauchzehe
2 EL Balsamessig
Salz
Orangenpfeffer
1 Prise Zucker
3 EL Walnussöl
100 g geräucherte Gänsebrust (in Scheiben)
3 EL Himbeergelee
nach Belieben Orangenscheiben zum Garnieren

◆ 1 Orange schälen, dabei die weiße Haut vollständig entfernen. Fruchtfleisch zwischen den Trennhäuten herausschneiden.

◆ Feldsalat verlesen, waschen, abtropfen lassen. Fenchel putzen, halbieren, waschen, in feine Ringe schneiden. Sprossen waschen und abtropfen lassen.

◆ Knoblauch schälen und durch eine Knoblauchpresse drücken oder fein hacken. Essig mit Salz, Pfeffer und Zucker abschmecken. Das Öl darunter schlagen. Knoblauch untermischen.

◆ Salatzutaten locker mischen und mit der Marinade beträufeln. Etwas ziehen lassen. Mit den Gänsebrustscheibchen auf einer Platte anrichten.

◆ Himbeergelee erwärmen. Übrige Orange halbieren und den Saft auspressen. Orangensaft mit dem Gelee verrühren. Warm über den Salat geben. Nach Belieben mit Orange garniert servieren.

Zubereitungszeit ca. 25 Minuten.
Pro Portion ca. 1000 kJ/240 kcal.
E: 10 g, F: 14 g, KH: 17 g.

BUNTER SALAT MIT APFEL-ESSIG-VINAIGRETTE

ZUTATEN FÜR 4 PERSONEN:

2 kleine Knollen (à ca. 200 g) Rote Bete
Salz
½ Kopf Eisbergsalat
1 Kopf Radiccio-Salat
250 g säuerliche Äpfel
Zitronensaft zum Beträufeln
5 EL Apfel-Essig
Pfeffer
½–1 TL Zucker
6 EL Olivenöl
2 Stiele Dill
evtl. Zitrone und Dillblüten zum Garnieren

◆ Rote Bete gründlich waschen und in Salzwasser ca. 40 Minuten garen. Kalt abspülen und schälen. Rote Bete in feine Stifte schneiden.

◆ Eisbergsalat und Radiccio putzen, waschen und in feine Streifen schneiden. Äpfel waschen, vierteln und entkernen. Fruchtfleisch in Spalten schneiden, mit Zitronensaft beträufeln.

◆ Für die Vinaigrette Essig und 3 Esslöffel Wasser mit Salz, Pfeffer und etwas Zucker verrühren. Das Öl darunter mischen.

◆ Rote Bete, Salate und Apfelspalten anrichten und mit Vinaigrette beträufeln. Dill waschen, abzupfen und darüber streuen. Evtl. mit Zitrone und Dillblüten garnieren.

Zubereitungszeit ca. 50 Minuten.
Pro Portion ca. 880 kJ/210 kcal.
E: 2 g, F: 16 g, KH: 15 g.

FRUCHTIGER REISSALAT

ZUTATEN FÜR 4 PERSONEN:

300 g Langkornreis
Salz
1 Dose (446 ml) Ananas in Scheiben
1 rote Paprika (ca. 200 g)
1 Bund Lauchzwiebeln (ca. 250 g)
3 Chilischoten
1 Packung (250 g) stückige Tomaten
3 EL Essig (z.B. Rotweinessig)
1 TL Zucker
4–6 Salatblätter (z.B. Römersalat)
50 g ungesalzene Erdnüsse
Koriander zum Garnieren
8 Scheiben Kasseler-Aufschnitt

◆ Reis in kochendem Salzwasser bei schwacher Hitze ca. 20 Minuten ausquellen lassen.

◆ Ananas abtropfen lassen und in Stücke schneiden. Paprika waschen, putzen und grob würfeln. Lauchzwiebeln putzen, waschen und in Ringe schneiden.

◆ Chili waschen und, bis auf 2 Stück zum Garnieren, entkernen und in feine Ringe schneiden. Chili und stückige Tomaten verrühren. Mit Salz, Essig und Zucker abschmecken.

◆ Salat putzen, waschen und trockenschütteln. Reis abtropfen und abkühlen lassen. Mit Ananas, Paprika, Lauchzwiebeln und Chilisoße mischen. Ca. 10 Minuten ziehen lassen.

◆ Erdnüsse goldbraun rösten und grob hacken. Salatblätter mit Reissalat anrichten, mit Koriander und restlichen Chilischoten garnieren. Mit Erdnüssen bestreuen und mit Kasseler-Aufschnitt belegen.

Zubereitungszeit ca. 40 Minuten.
Pro Portion ca. 1930 kJ/460 kcal.
E: 18 g, F: 9 g, KH: 76 g.

FOOD and more TIPP

Frische Zutaten für den Reissalat, wie Paprikaschote und Lauchzwiebeln, am besten erst kurz vor dem Verzehr klein schneiden. So bleiben die wertvollen Vitamine optimal erhalten.

FISCH-NUGGETS ZU REISSALAT

ZUTATEN FÜR 4 PERSONEN:

200 g 8-Minuten-Reis
Salz
1 gelbe Paprikaschote
1 rote Zwiebel (ca. 50 g)
½ Bund Lauchzwiebeln
4–5 EL Olivenöl
3–4 EL Weißwein-Essig
Pfeffer aus der Mühle
etwas Tabasco
je ½ Bund Petersilie und Dill
2 EL Sonnenblumenöl
1 Packung (500 g) tiefgefrorene Fisch-Nuggets (Seelachs-Filet in Backteig)
evtl. glatte Petersilie, Dill und Dillblüten zum Garnieren

◆ Reis in kochendem Salzwasser ca. 8 Minuten bei schwacher Hitze garen lassen. Kalt abschrecken und abtropfen lassen.

◆ Paprika putzen, waschen und in Streifen schneiden. Zwiebel schälen und in Ringe schneiden. Lauchzwiebeln putzen, waschen, in Scheiben schneiden.

◆ Olivenöl, Essig, Salz, Pfeffer und Tabasco verrühren. Petersilie und Dill waschen, trockenschütteln und fein hacken. Zur Vinaigrette geben und unterrühren. Salatzutaten mit der Vinaigrette mischen und kurz ziehen lassen.

◆ In der Zwischenzeit das Sonnenblumenöl in einer Pfanne erhitzen und die Fisch-Nuggets darin rundherum bei mittlerer Hitze 4–5 Minuten braten.

◆ Reissalat nochmals abschmecken und mit den Fisch-Nuggets auf einer Platte anrichten. Nach Belieben mit Petersilie, Dill und Dillblüten garnieren.

Zubereitungszeit ca. 30 Minuten.
Pro Portion ca. 2520 kJ/600 kcal.
E: 19 g, F: 30 g, KH: 65 g.

BLATTSALAT MIT SENF-MARINADE

Foto

ZUTATEN FÜR 4 PERSONEN:

1 kleiner Kopfsalat
250 g Römersalat
50 g Lauchzwiebeln
1 Knoblauchzehe
2 Scheiben Toastbrot
2 EL Butter/Margarine
½ Bund Dill
3 EL Weißwein-Essig
2 EL flüssiger Honig
1 EL mittelscharfer Senf
2 EL Öl
Salz, weißer Pfeffer
4 Scheiben geräucherter Schinken (à ca. 40 g)

◆ Salate putzen, waschen und abtropfen lassen. Römersalat in feine Streifen schneiden. Kopfsalatblätter evtl. halbieren. Die Lauchzwiebeln putzen, waschen und in feine Ringe schneiden.

◆ Knoblauch schälen und durch eine Knoblauchpresse drücken. Toastbrot in kleine Würfel schneiden. Das Fett erhitzen, Knoblauch darin glasig dünsten. Die Brotwürfel zufügen und goldbraun rösten. Herausnehmen und abkühlen lassen.

◆ Den Dill waschen und, bis auf etwas zum Garnieren, fein schneiden. Essig, Honig, Senf und Öl verrühren. Dill zufügen und mit Salz und Pfeffer würzen.

◆ 4 Teller mit Kopfsalatblättern auslegen. Römersalat und Lauchzwiebeln mischen, darauf verteilen und die Marinade darüber gießen. Schinkenscheiben halbieren, auf dem Salat anrichten und mit Croûtons bestreuen. Mit Dill garniert sofort servieren.

Zubereitungszeit 25–30 Minuten.
Pro Portion ca. 1380 kJ/330 kcal.
E: 9 g, F: 24 g, KH: 16 g.

KARTOFFELSALAT A LA PROVENCE

ZUTATEN FÜR 4 PERSONEN:

600 g fest kochende Kartoffeln
Salz
150 ml Gemüsebrühe (Instant)
1 Gemüsezwiebel (ca. 350 g)
150 g Kirschtomaten
250 g Zucchini
1 Bund Basilikum
½ Bund Salbei
3–4 Stiele Thymian
1–2 Knoblauchzehen
100 ml weißer Balsam-Essig
weißer Pfeffer
1 Prise Zucker
5 EL Olivenöl
je 75 g schwarze und paprikagefüllte Oliven
nach Belieben Basilikum und Salbei zum Garnieren

◆ Kartoffeln waschen und in Salzwasser ca. 20 Minuten kochen. Abschrecken und schälen. Heiße Brühe darüber gießen und ca. 30 Minuten ziehen lassen.

◆ Zwiebel schälen, in Spalten schneiden. Tomaten waschen und halbieren. Zucchini waschen, in dünne Scheiben hobeln.

◆ Basilikum und Salbei waschen, Blättchen in Streifen schneiden. Thymianblättchen abzupfen. Knoblauch schälen und fein hacken. Essig mit Salz, Pfeffer und Zucker würzen. Kräuter und Knoblauch zufügen, Öl darunter schlagen.

◆ Kartoffeln, Tomaten, Zwiebel, Zucchini und Oliven mischen. Vinaigrette darüber gießen und gut durchziehen lassen. Salat anrichten und evtl. mit Basilikum und Salbei garniert servieren.

Zubereitungszeit ca. 1 Stunde (ohne Wartezeit).

Pro Portion ca. 1210 kJ/290 kcal. E: 5 g, F: 20 g, KH 25 g.

Die weißen Muntermacher
QUARK & JOGHURT

LAMMKOTELETTS MIT ZITRONEN-JOGHURT-SOSSE

ZUTATEN FÜR 4 PERSONEN:

2–3 Knoblauchzehen
1 kleine Zwiebel
3 Stiele Minze
2 Becher (à 150 g) Vollmilch-Joghurt
1 TL Zitronensaft
Salz, schwarzer Pfeffer
gemahlener Kreuzkümmel
250 g Kirschtomaten
1 Limette
4 Lammkoteletts (à ca. 150 g)
2–3 EL Öl
2–3 Stiele Thymian
50 g schwarze Oliven

◆ Knoblauch schälen, Hälfte fein würfeln, Rest in Scheiben schneiden. Zwiebel schälen und fein würfeln. Minze waschen, einige Blättchen zur Seite legen, Rest in feine Streifen schneiden.

◆ Joghurt mit Zitronensaft, Minze, Knoblauch- und Zwiebelwürfel verrühren. Mit Salz, Pfeffer und Kreuzkümmel würzen.

◆ Tomaten waschen. Limette in Spalten schneiden. Fleisch waschen und trockentupfen. Öl in einer Pfanne erhitzen und das Fleisch darin je Seite 2–3 Minuten braten. Kurz vor Ende der Bratzeit Knoblauchscheiben zufügen. Mit Salz und Pfeffer würzen. Warm halten.

◆ Thymian waschen. Tomaten, Oliven, Limettenspalten und Thymian ca. 2 Minuten im Bratfett dünsten. Mit Salz und Pfeffer würzen. Fleisch und Gemüse anrichten. Soße mit Minze garnieren und extra dazu reichen. Dazu passt Fladenbrot.

Zubereitungszeit ca. 30 Minuten.
Pro Portion ca. 2300 kJ/550 kcal.
E: 22 g, F: 48 g, KH: 6 g.

PLINSEN MIT GEMÜSE-RAGOUT

FOTO

ZUTATEN FÜR 4 PERSONEN:

2 Eier
500 g Magerquark
Salz
170 g Mehl
1 Msp. Backpulver
3 Stiele Petersilie
400 g Kohlrabi
500 g junge Möhren
100 g Zuckerschoten
75 g tiefgefrorene Erbsen
2–3 EL Öl
20 g Butter/Margarine
75 g Schlagsahne
schwarzer Pfeffer
evtl. Kerbel zum Garnieren

◆ Eier, Quark und Salz verrühren. 150 g Mehl und Backpulver mischen, einrühren. Petersilie fein hacken, unterrühren. Ca. 20 Minuten quellen lassen.

◆ Kohlrabi in Stifte schneiden. Möhren putzen, etwas Grün stehen lassen. Zuckerschoten putzen und waschen. Möhren in Salzwasser ca. 15 Minuten kochen. Kohlrabi nach ca. 2 Minuten, Zuckerschoten und Erbsen nach 10 Minuten zufügen.

◆ Aus dem Teig 12 Plinsen formen und portionsweise im heißen Öl ca. 4 Minuten braten. Warm stellen.

◆ Gemüse abgießen, den Fond auffangen. Fett erhitzen, Rest Mehl darin anschwitzen. 300 ml Gemüsewasser und Sahne zugießen. Ca. 5 Minuten anköcheln. Mit Salz und Pfeffer würzen. Gemüse zugeben. Mit den Plinsen und Soße anrichten. Evtl. mit Kerbel garnieren.

Zubereitungszeit ca. 50 Minuten.
Pro Portion ca. 2100 kJ/500 kcal.
E: 30 g, F: 20 g, KH: 51 g.

GURKEN-MAIS-KALTSCHALE

ZUTATEN FÜR 4 PERSONEN:

1 Dose (212 ml) Gemüsemais
250 g Salatgurke
½ Bund Radieschen
4 Becher (à 150 g) Vollmilch-Joghurt
1 Becher (250 g) Schmand
⅛ l Milch
Salz, weißer Pfeffer
½ Bund Dill
3 Scheiben (à ca. 50 g) Roggenmischbrot
20–30 g Butter/Margarine
evtl. Dill zum Garnieren

◆ Mais auf einem Sieb abtropfen lassen. Gurke und Radieschen putzen und waschen. Gurke in feine Stifte hobeln, Radieschen vierteln.

◆ Joghurt, Schmand und Milch verrühren. Mit Salz und Pfeffer abschmecken. Mais, Gurke und Radieschen, bis auf etwas zum Garnieren, unter den Joghurt rühren.

◆ Dill waschen, trockenschütteln und fein hacken. Dill unter die Kaltschale rühren.

◆ Brot entrinden und in Würfel schneiden. Fett in einer Pfanne erhitzen und die Brotwürfel darin rundherum goldbraun rösten.

◆ Kaltschale auf Tellern anrichten und mit Brotwürfeln und restlichem Gemüse bestreut servieren. Nach Belieben mit Dill garnieren.

Zubereitungszeit ca. 30 Minuten.
Pro Portion ca. 1760 kJ/420 kcal.
E: 13 g, F: 25 g, KH: 33 g.

FOOD and more TIPP

Braten Sie die Quarkplinsen besser in einer beschichteten Pfanne an und erhitzen Sie das Öl nicht zu stark. So erhalten die Küchlein eine schöne goldbraune Kruste.

OLIVEN-KRÄUTERQUARK

ZUTATEN FÜR 4 PERSONEN:

3 Lauchzwiebeln
100 g paprikagefüllte Oliven
je 1 Bund Petersilie und Dill
1 Kästchen Kresse
1 Knoblauchzehe
1 Becher (200 g) flüssige saure Sahne
500 g Magerquark
Salz, weißer Pfeffer

◆ Die Lauchzwiebeln putzen, waschen und in feine Ringe schneiden. Oliven grob hacken. Petersilie und Dill waschen und trockenschütteln. Kresse abspülen, trockentupfen und mit einer Küchenschere vom Beet schneiden. Knoblauch schälen.

◆ Kräuter, bis auf einige Stiele zum Garnieren, und Knoblauch in der sauren Sahne pürieren. Den Quark unterrühren.

◆ Lauchzwiebeln und Oliven unterheben. Mit Salz und Pfeffer würzig abschmecken und mit den restlichen Kräutern garnieren. Dazu schmecken schwedische Krisprolls sehr gut .

Zubereitungszeit ca. 30 Minuten.
Pro Portion ca. 960 kJ/230 kcal.
E: 18 g, F: 15 g, KH: 8 g.

QUARKPUFFER MIT GEMÜSE

ZUTATEN FÜR 4 PERSONEN:

100 g Linsensprossen
50 g Butter/Margarine
Salz, 2 Eier
500 g Magerquark
150 g Mehl
250 g Zucchini
250 g Möhren
200 g Kartoffeln
6 EL Öl
½ Packung (31,5 g) Kräuterbutter
weißer Pfeffer
½ Bund Schnittlauch
Petersilie zum Garnieren

◆ Für die Quarkpuffer Sprossen waschen und auf einem Sieb gut abtropfen lassen. Fett schaumig schlagen. Salz und Eier untermischen. Quark zufügen und alles glatt verrühren. Mehl auf die Quarkmasse sieben und die Sprossen zufügen. Beides gut unterrühren.

◆ Zucchini und Möhren putzen, waschen und in feine Stifte schneiden. Kartoffeln schälen, waschen und in kleine Würfel schneiden.

◆ 1 Esslöffel Öl in einer Pfanne erhitzen. Aus der Quarkmasse darin 3 kleine Puffer goldbraun backen und warm stellen. 9 weitere Puffer wie beschrieben backen.

◆ Restliches Öl erhitzen, Kartoffeln darin ca. 8 Minuten braten. Möhren und Zucchini zugeben und weitere 5 Minuten braten. Kräuterbutter zufügen, Gemüse darin schwenken und mit Salz und Pfeffer würzen.

◆ Schnittlauch waschen und, bis auf etwas zum Garnieren, in feine Röllchen schneiden. Schnittlauch über das Gemüse streuen. Quarkpuffer mit dem Gemüse auf Tellern anrichten. Mit Petersilie und Schnittlauch garniert servieren.

Zubereitungszeit ca. 1 Stunde.
Pro Portion ca. 2850 kJ/680 kcal.
E: 28 g, F: 40 g, KH: 45 g.

Mit viel Power

GEMÜSESCHLEMMEREIEN

ROSENKOHL-GRATIN

ZUTATEN FÜR 4 PERSONEN:

600 g Rosenkohl
Salz
1 kg fest kochende Kartoffeln
3 große Tomaten
100 g mittelalter Gouda-Käse
2 Becher (à 150 g) Crème fraîche
½ TL Edelsüß-Paprika
weißer Pfeffer
1 Knoblauchzehe
1 EL Öl

◆ Rosenkohl waschen, putzen und am Strunk kreuzweise einschneiden. In Salzwasser ca. 10 Minuten kochen. Herausnehmen und kalt abschrecken.

◆ Kartoffeln schälen, waschen, in dünne Scheiben schneiden und in Salzwasser ca. 6 Minuten vorgaren. Tomaten waschen und in Spalten schneiden. Käse reiben.

◆ Crème fraîche mit Paprika, Salz und Pfeffer würzen. Knoblauch halbieren. Auflaufform mit Öl ausstreichen, mit Knoblauch ausreiben. Gemüse in die Form schichten, mit Crème fraîche begießen, mit Käse bestreuen. Im vorgeheizten Backofen (E-Herd: 225 °C/ Umluft: 200 °C/ Gas: Stufe 4) ca. 20 Minuten backen.

Zubereitungszeit ca. 1 ¼ Stunden.
Pro Portion ca. 2220 kJ/ 530 kcal.
E: 21 g, F: 33 g, KH: 39 g.

FRÜHLINGS-EINTOPF MIT BULGUR

ZUTATEN FÜR 4 PERSONEN:

500 g grüner Spargel
200 g Zuckerschoten
300 g gelbe Paprikaschoten
200 g Kirschtomaten
1 Dose (425 ml) italienische Bohnenkerne
2 Zwiebeln
4 Knoblauchzehen
3/4 l Gemüsebrühe (Instant)
5 EL Zucker
5 EL weißer Balsamico-Essig
ca. 7 EL Olivenöl
1/2-1 TL geschroteter getrockneter Chili
ca. 1 TL getrockneter Rosmarin
Salz
2 Zitronenscheiben von 1 unbehandelten Zitrone
20 g Butter/Margarine
175 g Bulgur (vorgegarte grobe Weizengrütze)
40–50 g Pecorino-Käse
Rosmarin zum Garnieren

◆ Spargel waschen, das untere Drittel schälen und die Enden abschneiden. Spargelstangen in große Stücke schneiden. Zuckerschoten und Paprika putzen, waschen und abtropfen lassen. Paprika in Spalten schneiden. Kirschtomaten waschen und ebenfalls abtropfen lassen.

◆ Bohnenkerne auf einem Sieb abtropfen lassen. Zwiebeln und Knoblauch schälen. 1 Zwiebel in feine Spalten schneiden und den Knoblauch hacken.

◆ Gemüsebrühe aufkochen lassen. Spargel darin 9–10 Minuten garen. Zuckerschoten nach 4–5 Minuten zufügen und mitkochen. Gemüse auf ein Sieb gießen und die Brühe auffangen.

◆ Zucker in einer großen Pfanne goldbraun karamellisieren. Essig und 1/8 Liter Gemüsebrühe angießen und unter Rühren aufkochen lassen. Olivenöl, Paprikaschoten, Zwiebelspalten und Knoblauch zufügen. Mit Chili, Rosmarin und etwas Salz würzen und 6–8 Minuten unter Rühren köcheln lassen.

◆ Spargel, Zuckerschoten, Tomaten und Zitronenscheiben zufügen und ca. 5 Minuten weiter köcheln. Das Gemüse in eine Schüssel geben und die Bohnen zufügen. Mit Salz und Chili abschmecken. Gemüse auskühlen und durchziehen lassen.

◆ Inzwischen restliche Zwiebel würfeln. Fett in einem Topf erhitzen und die Zwiebel darin glasig dünsten. Bulgur zufügen, andünsten und mit 375 ml Gemüsebrühe ablöschen. Eventuell etwas Salz zufügen, aufkochen und zugedeckt bei schwacher Hitze ca. 10 Minuten ausquellen lassen. Vom Herd nehmen, nochmals ca. 5 Minuten stehen lassen.

◆ Mit einem Sparschäler von dem Pecorino Locken abschneiden. Gemüse auf einer Platte anrichten, mit den Käselocken bestreuen und mit frischem Rosmarin garnieren. Bulgur extra dazu reichen.

Zubereitungszeit ca. 1 1/4 Stunden.
Pro Portion ca. 2470 kJ/590 kcal.
E: 19 g, F: 28 g, KH: 66 g.

GRÜNKOHL MIT KÜRBIS UND SPECK

ZUTATEN FÜR 4 PERSONEN:

3 mittelgroße Zwiebeln
400 g Kartoffeln
500 g Kürbis
1,5 kg Grünkohl
4 EL Butterschmalz
Salz, weißer Pfeffer
1 l Gemüsebrühe (Instant)
1 Stück (100 g) geräucherter durchwachsener Speck
etwas Kümmel
½ Bund Majoran
1 Becher (150 g) Crème fraîche

◆ Zwiebeln schälen und fein würfeln. Kartoffeln schälen, waschen und in Würfel schneiden. Kürbis schälen, entkernen und ebenfalls würfeln. Grünkohl putzen, gründlich waschen und in Streifen schneiden.

◆ 2 Esslöffel Schmalz in einem Topf erhitzen. Zwiebeln, Kartoffeln und Kürbis darin unter Wenden ca. 10 Minuten anbraten, mit etwas Salz und Pfeffer würzen und herausnehmen.

◆ Restliches Schmalz in den Topf geben. Grünkohl darin unter Wenden ca. 10 Minuten anbraten, mit Salz und Pfeffer würzen. Kohl mit Brühe ablöschen, den Speck zufügen und zugedeckt ca. 40 Minuten schmoren lassen.

◆ Kartoffeln, Zwiebeln und Kürbis nach ca. 30 Minuten wieder zufügen. Speck in Würfel schneiden und unterheben. Alles mit Salz, Pfeffer, Kümmel und Majoran würzig abschmecken. Mit jeweils einem Klecks Crème fraîche servieren.

Zubereitungszeit ca. 1 ½ Stunden.
Pro Portion ca. 2220 kJ/ 530 kcal.
E: 15 g, F: 41 g, KH: 24 g.

FOOD and more TIPP

Grünkohl schmeckt erst richtig gut, wenn er die erste Kälte gespürt hat, da die enthaltene Stärke in Zucker umgewandelt wird. Zudem macht Frost die Zellgewebe locker und der Kohl wird hierdurch bekömmlicher. Auch der strenge Kohlgeschmack wird so gemildert.

SCHWARZ-WURZEL-RAGOUT

ZUTATEN FÜR 4 PERSONEN:

700 g Schwarzwurzeln
3 EL Weißwein-Essig
4 Schalotten
1 Knoblauchzehe
400 g Möhren
2 Lauchzwiebeln
300 g Mangold
2 EL Öl
1 EL Curry
1 EL Mehl
Salz
100 ml Weißwein
½ l Gemüsebrühe (Instant)
100 g Schlagsahne
Pfeffer
einige Spritzer Zitronensaft

◆ Schwarzwurzeln gründlich abbürsten und schälen. Die Enden abschneiden. Schwarzwurzeln waschen, sofort in 1 Liter Essigwasser geben und ca. 20 Minuten darin ruhen lassen.

◆ In der Zwischenzeit Schalotten und Knoblauch schälen und fein hacken. Möhren putzen, schälen und in Würfel schneiden. Lauchzwiebeln putzen, waschen und schräg in Stücke schneiden. Mangold putzen, waschen und die Blätter in Streifen schneiden.

◆ Schwarzwurzeln abtropfen lassen und in mundgerechte Stücke schneiden. Das Öl in einem Topf erhitzen. Schalotten, Knoblauch, Möhrenwürfel und Schwarzwurzeln darin bei mittlerer Hitze ca. 7 Minuten dünsten.

◆ Mit Curry und Mehl bestäuben und anschwitzen. Etwas salzen. Mit Weißwein und Brühe ablöschen und weitere ca. 7 Minuten köcheln lassen.

◆ Sahne zugießen, Mangold und Lauchzwiebeln unterrühren. Ragout weitere ca. 5 Minuten garen. Mit Salz, Pfeffer und Zitronensaft abschmecken.

Zubereitungszeit ca. 50 Minuten.
Pro Portion ca. 960 kJ/230 kcal.
E: 6 g, F: 14 g, KH: 12 g.

SPARGEL MIT KARTOFFEL-APFEL-SPIESSEN

FOTO

ZUTATEN FÜR 4 PERSONEN:

500 g kleine Kartoffeln
Salz
1 kg weißer Spargel
750 g grüner Spargel
1 Prise Zucker
2 Äpfel (à ca. 200 g)
4 Lorbeerblätter
2 EL Öl
250 g Mascarpone (ital. Frischkäse)
75 ml Cidre (französischer Apfelschaumwein)
weißer Pfeffer
Lorbeer und Thymian zum Garnieren

◆ Für die Spieße Kartoffeln waschen und in kochendem Salzwasser ca. 20 Minuten garen. Die Kartoffeln abgießen, kalt abschrecken und schälen.

◆ Spargel waschen, weißen Spargel schälen und die holzigen Enden abschneiden. Beim grünen Spargel die holzigen Enden abschneiden. Weißen Spargel in kochendem Salzwasser mit Zucker ca. 20 Minuten garen. Den grünen Spargel nach ca. 8 Minuten hinzufügen und mitgaren.

◆ Äpfel waschen, vierteln und entkernen. Apfelviertel in Spalten schneiden. Mit Kartoffeln und Lorbeer auf Spieße stecken. Im heißen Öl rundherum ca. 4 Minuten braten.

◆ Für die Soße Mascarpone, Cidre und 75 ml Spargelfond verrühren und erhitzen. Mit Salz und Pfeffer abschmecken. Spargel, Spieße und Soße mit Lorbeer und Thymian garniert servieren.

Zubereitungszeit ca. 1 1/4 Stunden.
Pro Portion ca. 1970 kJ/470 kcal.
E: 11 g, F: 29 g, KH: 35 g.

MÖHREN-KOHLRABIGEMÜSE

ZUTATEN FÜR 4 PERSONEN:

2 Bund Möhren (à 500 g)
2 Kohlrabis (400 g)
750 g kleine Kartoffeln
30 g Butter/Margarine
150 ml Gemüsebrühe
1/2 Bund glatte Petersilie
500 g Magerquark
250 g Speisequark (20 % Fett i. Tr.)
1/2–1 TL gemahlener Koriander
1 EL Sesampaste (aus dem Glas; Reformhaus)
Salz
Cayennepfeffer

◆ Möhren waschen, schälen, dabei etwas Grün stehen lassen. Kohlrabis schälen, waschen und in Dreiecke schneiden.

◆ Kartoffeln waschen und ca. 25 Minuten garen. Fett schmelzen. Möhren darin andünsten, Brühe zugießen und ca. 5 Minuten köcheln. Kohlrabis zugeben, weitere ca. 7 Minuten garen.

◆ Petersilie waschen, Blättchen in Streifen schneiden. Quark mit Koriander, Sesampaste und Hälfte Petersilie verrühren. Mit Salz und Cayennepfeffer würzen.

◆ Gemüse aus der Brühe nehmen. 3–5 Esslöffel Gemüsebrühe unter den Quark rühren. Kartoffeln abgießen, mit Gemüse und Quarkcreme anrichten. Mit übriger Petersilie bestreuen.

Zubereitungszeit ca. 50 Minuten.
Pro Portion ca. 1720 kJ/410 kcal.
E: 32 g, F: 12 g, KH: 40 g.

GRATINIERTE TOMATE AUF MEDAILLON

ZUTATEN FÜR 4 PERSONEN:

8 Schweinemedaillons (à ca. 60 g)
1 große Zucchini (ca. 250 g)
2 mittelgroße Tomaten
1 Kugel (125 g) Mozzarella-Käse
8 Basilikumblätter
2 EL Öl
Salz, weißer Pfeffer
Basilikum und marinierte Peperoni zum Garnieren
8 kleine Holzspieße

◆ Medaillons waschen und trockentupfen. Zucchini putzen, waschen und am besten mit dem Sparschäler in dünne, breite Streifen schneiden. Zucchini kurz in kochendem Wasser blanchieren und abtropfen lassen.

◆ Medaillons mit je 1–2 Zucchinistreifen umwickeln und mit Holzspießen feststecken. Tomaten putzen, waschen und in dicke Scheiben schneiden. Mozzarella abtropfen lassen und in 8 Scheiben schneiden. Basilikum waschen und die Blättchen von den Stielen zupfen.

◆ 1 Esslöffel Öl erhitzen. Medaillons darin von jeder Seite ca. 2 Minuten braten. Mit Salz und Pfeffer würzen.

◆ Restliches Öl auf ein Blech streichen und die Medaillons darauf setzen. Mit jeweils 1 Scheibe Tomate, 1 Basilikumblatt und 1 Mozzarellascheibe belegen.

◆ Im vorgeheizten Backofen (E-Herd: 225 °C/ Umluft: 200 °C/ Gas: Stufe 4) 2–3 Minuten gratinieren. Mit Basilikum und Peperoni garniert servieren.

Zubereitungszeit ca. 25 Minuten.
Pro Portion ca. 1090 kJ/260 kcal.
E: 34 g, F: 13 g, KH: 2 g.

WIRSING IN ZITRONENSOSSE

ZUTATEN FÜR 4 PERSONEN:

500 g kleine Kartoffeln
Salz
1 Kopf (850 g) Wirsingkohl
250 g Möhren
40 g Butter/Margarine
200 ml Gemüsebrühe (Instant)
1 Becher (250 g) Schlagsahne
Saft von 1 Zitrone
2–3 EL heller Soßenbinder
weißer Pfeffer
50 g Haselnusskerne

◆ Die Kartoffeln schälen, waschen und in kochendem Salzwasser 15–20 Minuten garen. Wirsing putzen, waschen und in schmale Spalten schneiden. Möhren schälen, waschen und schräg in Scheiben schneiden.

◆ Fett in einem Topf erhitzen. Wirsing darin von beiden Seiten goldbraun anbraten. Möhren zufügen und kurz andünsten. Brühe angießen und zugedeckt bei mittlerer Hitze ca. 15 Minuten schmoren lassen.

◆ Sahne und Zitronensaft zum Wirsing hinzufügen, aufkochen lassen, den Soßenbinder einrühren und nochmals kurz aufkochen. Die Soße mit Salz und Pfeffer abschmecken.

◆ Haselnüsse grob hacken und zum Gemüse geben. Kartoffeln abgießen. Wirsing-Möhrengemüse mit Kartoffeln und Soße auf Tellern anrichten.

Zubereitungszeit ca. 40 Minuten.
Pro Portion ca. 2050 kJ/ 490 kcal.
E: 11 g, F: 37 g, KH: 29 g.

FOOD and more TIPP

Wirsing liefert neben Kohlenhydraten und Eiweiß jede Menge Mineralstoffe wie Calcium, Kalium und Magnesium. Falls Sie nicht den ganzen Kohl verwenden, können Sie ihn auch sehr gut einfrieren.

RATATOUILLE MIT SCHAFSKÄSE

FOTO

ZUTATEN FÜR 2 PERSONEN:

je 1 kleine rote, gelbe und grüne Paprikaschote
1 mittelgroße Zwiebel
1 Knoblauchzehe
2 Stiele Basilikum
etwas Rosmarin
100 g Schafskäse
2 EL Olivenöl
100 ml Tomatensaft
Salz
Pfeffer
einige Spritzer Tabasco
50 g schwarze Oliven
frische Kräuter zum Garnieren

◆ Paprikaschoten putzen, waschen und in Stücke schneiden. Zwiebel schälen und in Spalten schneiden. Knoblauch schälen und durch eine Knoblauchpresse drücken. Die Kräuter waschen, trockenschütteln und fein hacken. Käse in Würfel schneiden.

◆ Öl erhitzen. Knoblauch darin andünsten. Zwiebel und Paprika zufügen und ca. 5 Minuten braten. Mit Tomatensaft ablöschen. Mit Salz, Pfeffer und Tabasco würzen. Ca. 2 Minuten bei starker Hitze einkochen lassen.

◆ Kräuter unterrühren. Ratatouille mit Oliven und Käse bestreut anrichten. Mit frischen Kräutern garniert servieren.

Zubereitungszeit ca. 30 Minuten.
Pro Portion ca. 1260 kJ/ 300 kcal.
E: 12 g, F: 23 g, KH: 11 g.

ÜBERBACKENES GEMÜSE

ZUTATEN FÜR 4 PERSONEN:

1 Stange Porree (Lauch)
Salz
4 Kolben Chicorée
1–2 EL Zitronensaft
8 Scheiben (à 6 g) Frühstücksspeck
8 Scheiben (à 30 g) mittelalter Gouda-Käse
2 Tomaten
½ Bund Oregano

◆ Porree putzen, waschen und in 4 Stücke schneiden. In kochendem Salzwasser ca. 5 Minuten garen. Anschließend gut abtropfen lassen.

◆ Chicorée waschen, Strunk keilförmig herausschneiden. Mit Zitronensaft beträufeln. Mit jeweils zwei Scheiben Speck und Käse umwickeln. Porree in eine feuerfeste Form legen. Chicorée darauf geben.

◆ Tomaten waschen, vierteln und entkernen. Fruchtfleisch fein würfeln. Oregano waschen und fein hacken. Oregano und Tomatenwürfel auf das umwickelte Gemüse streuen und im vorgeheizten Backofen (E-Herd: 200 °C/ Umluft: 175 °C/ Gas: Stufe 3) etwa 12 Minuten überbacken.

Zubereitungszeit ca. 35 Minuten.
Pro Portion ca. 1260 kJ/300 kcal.
E: 27 g, F: 22 g, KH: 7 g.

Kraft aus dem Meer

FEINE FISCHGERICHTE

SCHOLLEN-RÖLLCHEN MIT PESTO

ZUTATEN FÜR 2 PERSONEN:

400 g Kartoffeln
Salz
400 g Porree (Lauch)
250 g Möhren
2 mittelgroße Zwiebeln
½ Bund Petersilie
4 Schollenfilets (à ca. 70 g)
Pfeffer aus der Mühle
4 EL Pesto (aus dem Glas)
1 EL Öl
etwas Zucker
3 EL Milch
geriebene Muskatnuss
4 kleine Holzspieße

◆ Kartoffeln schälen, waschen, in kochendem Salzwasser ca. 20 Minuten garen. Porree putzen, waschen, in Ringe schneiden. Möhren schälen, in Scheiben schneiden. Zwiebeln schälen und würfeln. Petersilie waschen und die Blättchen vom Stiel zupfen.

◆ Schollenfilets mit Salz und Pfeffer würzen. Mit Pesto bestreichen und mit Petersilie belegen. Aufrollen und feststecken.

◆ Öl erhitzen, Zwiebeln darin andünsten. Möhren und Porree zufügen, kurz andünsten. Mit Salz, Pfeffer und Zucker würzen. Mit 100 ml Wasser ablöschen und aufkochen lassen. Schollenröllchen auf das Gemüse setzen und ca. 10 Minuten garen.

◆ Kartoffeln abgießen, kurz abdämpfen lassen und zerdrücken. Milch erwärmen und unterrühren. Mit Salz und Muskat abschmecken. Je 2 Schollenröllchen mit Gemüse und Kartoffelpüree auf Tellern anrichten.

Zubereitungszeit ca. 40 Minuten.
Pro Portion ca. 1720 kJ/410 kcal.
E: 29 g, F: 25 g, KH: 15 g.

FEINE LACHS-LASAGNE

FOTO

ZUTATEN FÜR 4 PERSONEN:

750 g Brokkoli
Salz
1 mittelgroße Zwiebel
40 g Butter/Margarine
30 g Mehl
1 Becher (250 g) Schlagsahne
weißer Pfeffer
500 g Lachsfilet
2 EL Zitronensaft
½ Bund Dill
9 weiße Lasagneplatten
100 g Bel-Paese-Käse

◆ Brokkoli putzen, waschen und in Röschen teilen. In kochendem Salzwasser ca. 5 Minuten blanchieren. Abgießen, die Garflüssigkeit dabei auffangen.

◆ Zwiebel schälen und fein würfeln. Fett schmelzen. Zwiebel darin andünsten. Mehl zufügen und anschwitzen. Sahne und ca. 1/4 Liter Brokkoliwasser unter Rühren angießen und aufkochen. Mit Salz und Pfeffer würzen.

◆ Lachs waschen, trockentupfen und mit Zitronensaft beträufeln. Dill waschen und hacken. Etwas Soße auf den Boden einer Auflaufform geben. Drei Lasagneplatten darauf legen. Mit Hälfte Brokkoli und Lachs belegen. Mit Dill bestreuen. Etwas Soße darüber gießen. Vorgang wiederholen. Mit restlichen Lasagneplatten belegen und übrige Soße darüber gießen.

◆ Käse reiben und darüber streuen. Lasagne im vorgeheizten Backofen (E-Herd: 200 °C/ Umluft: 175 °C/ Gasherd: Stufe 3) ca. 45 Minuten überbacken.

Zubereitungszeit ca. 1 1/4 Stunden.
Pro Portion ca. 3520 kJ/ 840 kcal.
E: 42 g, F: 54 g, KH: 37 g.

MARINIERTE KABELJAUFILETS

ZUTATEN FÜR 4 PERSONEN:

ca. ½ Bund Petersilie
3–4 Stiele frischer Thymian
½ Bund Dill
1–2 Knoblauchzehen
1 unbehandelte Zitrone
800 g Kabeljaufilet
750 g Kartoffeln
Salz
1 mittelgroße Zwiebel
250 g Austernpilze
2 kleine Zucchini (ca. 400 g)
50 g Butter/Margarine
bunter Pfeffer
Zitrone zum Garnieren

◆ Kräuter waschen, trockentupfen und, bis auf etwas zum Garnieren, fein hacken. 1 Esslöffel Petersilie beiseite stellen. Knoblauch schälen und hacken.

◆ Zitronenschale mit einem Juliennereißer in Streifen abziehen, Saft auspressen. Beides mit Kräutern und Knoblauch mischen.

◆ Fisch waschen, trockentupfen und in 4 Stücke schneiden. Kräutermarinade über dem Fisch verteilen. Etwas ziehen lassen.

◆ Kartoffeln waschen, schälen und in kochendem Salzwasser ca. 20 Minuten garen. Zwiebel schälen und fein würfeln. Pilze putzen und vierteln. Zucchini putzen, waschen und längs in dünne Scheiben schneiden.

◆ Pilze in 30 g Fett unter Wenden anbraten. Zwiebel und Zucchini kurz mitdünsten. Mit Salz und buntem Pfeffer würzen.

◆ Fisch aus der Marinade nehmen, salzen und im restlichen Fett 4–5 Minuten braten. Alles anrichten und mit Zitronenscheiben garnieren.

Zubereitungszeit ca. 45 Minuten.
Pro Portion ca. 1680 kJ/400 kcal.
E: 42 g, F: 14 g, KH: 25 g.

KARTOFFEL-SALAT MIT MATJES-FILETS

ZUTATEN FÜR 4 PERSONEN:

650 g Kartoffeln
100 ml klare Brühe (Instant)
1 Bund Lauchzwiebeln
4 doppelte Matjesfilets (à ca. 100 g)
2 kleine Äpfel (300 g)
200 g Salat-Mayonnaise
1 Becher (150 g) Vollmilch-Joghurt
etwas Curry
Salz, weißer Pfeffer

◆ Kartoffeln waschen und in kochendem Wasser ca. 20 Minuten garen. Kalt abschrecken, pellen und etwas abkühlen lassen. Kartoffeln in Scheiben schneiden und mit der heißen Brühe begießen. Ca. 1 Stunde ziehen lassen.

◆ Lauchzwiebeln putzen, waschen und in Ringe schneiden. Matjes kalt abspülen und trockentupfen. Äpfel waschen, vierteln, entkernen und in kleine Stücke schneiden.

◆ Kartoffeln abtropfen lassen, die Brühe dabei auffangen. Mayonnaise, Joghurt und Brühe verrühren. Mit Curry, Salz und Pfeffer abschmecken. Kartoffeln, Lauchzwiebeln, Äpfel und Curry-Mayonnaise vermengen. Salat mit den Matjesfilets anrichten.

Zubereitungszeit ca. 45 Minuten (ohne Wartezeit).
Pro Portion ca. 2140 kJ/510 kcal. E: 14 g, F: 29 g, KH: 42 g.

BLÄTTERTEIG-TEILCHEN MIT LACHS

ZUTATEN FÜR 4 PERSONEN:

1 Packung (300 g) tiefgefrorener Blätterteig
1 Eigelb
1 mittelgroße Zwiebel
12 Scheiben Räucherlachs (à ca. 30 g)
1 Tüte „Sauce Hollandaise" (für 125 g Butter)
125 g Butter
einige Spritzer Worcestersoße
12 schwarze Oliven ohne Stein nach Belieben
Kerbel zum Garnieren
Backpapier

◆ Blätterteigplatten ca. 5 Minuten auftauen lassen und quer halbieren. Eigelb mit 1 Esslöffel Wasser glatt rühren. Die Ecken der Teighälften zur Mitte klappen und mit Eigelb bestreichen.

◆ Zwiebel schälen, halbieren und in ca. 12 Spalten schneiden. Räucherlachs auf die Teigplatten geben und mit jeweils einem Zwiebelspalt belegen.

◆ Soßenpulver in 1/8 Liter lauwarmes Wasser einrühren und unter gelegentlichem Rühren aufkochen lassen. Butter in Stückchen schneiden und unter ständigem Rühren zufügen. Mit Worcestersoße abschmecken. Soße über den Lachs verteilen.

◆ Blätterteigteilchen auf ein mit Backpapier ausgelegtes Backblech setzen und im vorgeheizten Backofen (E-Herd: 200 °C/ Umluft: 175 °C/ Gas: Stufe 3) etwa 12 Minuten backen.

◆ Oliven in Scheiben schneiden und auf die Teilchen geben. Blätterteigteilchen auf einer Platte anrichten und nach Belieben mit Kerbel garnieren.

Zubereitungszeit ca. 30 Minuten.
Pro Portion ca. 2520 kJ/ 600 kcal.
E: 17 g, F: 45 g, KH: 30 g.

FOOD and more TIPP

Falls Sie kein Backpapier im Haus haben, können Sie die Blätterteig-Teilchen auch sehr gut auf ein mit etwas Wasser abgespültes Backblech legen. Übrigens: Ofenwarm schmeckt dieses Gebäck einfach am besten.

ROTBARSCHFILET AUF BANDNUDELN

Foto

ZUTATEN FÜR 4 PERSONEN:

200 g grüne Bandnudeln
Salz
2 Bund Lauchzwiebeln (ca. 175 g)
600 g Rotbarschfilet
Saft von 1 Zitrone
Pfeffer aus der Mühle
2 EL Öl
100 ml Weißwein
1 Becher (200 g) Schlagsahne
2 EL Speisestärke
4 mittelgroße Tomaten
Basilikum und Zitronenscheibe zum Garnieren

◆ Die Nudeln in kochendem Salzwasser ca. 8 Minuten garen. Anschließend abtropfen lassen und in eine Auflaufform geben.

◆ Lauchzwiebeln putzen, waschen und in grobe Ringe schneiden. Rotbarschfilets waschen, trockentupfen, in 8 Stücke teilen und mit Zitronensaft beträufeln. Mit Salz und Pfeffer würzen.

◆ Öl in einer Pfanne erhitzen, Filets darin von beiden Seiten anbraten. Herausnehmen und beiseite stellen. Lauchzwiebeln im Bratöl andünsten. Mit Weißwein und Sahne ablöschen, aufkochen lassen. Speisestärke mit etwas Wasser glatt rühren und die Soße damit binden. Mit Salz und Pfeffer würzen.

◆ Tomaten waschen, putzen und in Scheiben schneiden. Mit dem Fisch auf die Nudeln geben. Mit der Soße übergießen und im vorgeheizten Backofen (E-Herd: 225 °C/ Umluft: 200 °C/ Gas: Stufe 4) ca. 10 Minuten backen. Mit Basilikum und gebratener Zitronenscheibe garnieren.

Zubereitungzeit ca. 45 Minuten.
Pro Portion ca. 2940 kJ/700 kcal.
E: 37 g, F: 32 g, KH: 54 g.

INDISCHES FISCHGULASCH

ZUTATEN FÜR 2 PERSONEN:

400 g Rotbarschfilet
Saft von 1 Zitrone
400 g Staudensellerie
1 Dose (524 ml) Ananas in Scheiben
2 kleine Bananen
½ rote Peperoni
2 EL Cashewkerne
20 g Butter/Margarine
2 Scheiben Frühstücksspeck
Salz
ca. 2 EL Curry (Madras)
¼ l klare Brühe (Instant)
½ Becher (100 g) Schlagsahne

◆ Fisch waschen, trockentupfen und würfeln. Mit 2 Esslöffel Zitronensaft beträufeln und zugedeckt kurz ruhen lassen.

◆ Staudensellerie putzen, waschen und in Stücke schneiden. Ananas abtropfen lassen, Saft auffangen. Ananasringe in Stücke schneiden. Bananen längs vierteln und mit restlichem Zitronensaft beträufeln. Peperoni in Ringe schneiden. Cashewkerne goldbraun rösten.

◆ Fett in einer Pfanne erhitzen, Speck darin auslassen und herausheben. Bananen und Ananas im Speckfett anbraten und ebenfalls herausnehmen.

◆ Fisch salzen, anbraten und mit Curry bestäuben. Brühe, Ananassaft und Sahne zugießen. Sellerie und Peperoni zufügen und zugedeckt ca. 5 Minuten köcheln.

◆ Speck, Bananen, Cashewkerne und Ananasstücke unterheben. Mit Salz und Curry würzen. Fischgulasch anrichten.

Zubereitungszeit ca. 40 Minuten.
Portion ca. 4150 kJ/990 kcal.
E: 65 g, F: 48 g, KH: 74 g.

PUTENBRUST ZU KRÄUTER-CREPES

ZUTATEN FÜR 4 PERSONEN:

1 Putenbrust (ca. 800 g)
Salz
gemahlener weißer Pfeffer
4 EL Teriyakimarinade (scharfe japanische Würzsoße)
2 EL frisch gepresster Limettensaft
400 ml Gemüsebrühe (Instant)
2 Eier (Größe M)
150 ml Milch
50 g Mehl
1 Bund Basilikum
2–3 Knoblauchzehen
2 EL geriebener Parmesan-Käse
1 EL Pinienkerne
6 EL Olivenöl
ca. 75 g Rauke
200 g Schalotten
500 g Kirschtomaten
3 Stiele Thymian
15 g Butterschmalz
nach Belieben Limette, Rauke und Thymian

◆ Fleisch waschen, trockentupfen. Mit Salz und Pfeffer einreiben. Hälfte der Teriyaki und Limettensaft verrühren. Fleisch damit beträufeln und auf ein Backblech setzen. Im vorgeheizten Backofen (E-Herd: 175 °C/ Umluft: 150 °C/ Gas: Stufe 2) etwa 1 Stunde braten. Nach und nach das Fleisch mit 300 ml Gemüsebrühe ablöschen.

◆ Inzwischen für die Crêpes Eier und Milch verquirlen, Mehl nach und nach unterrühren. Mit Salz und Pfeffer würzen. Teig ca. 20 Minuten quellen lassen.

◆ Für das Pesto Basilikum waschen, trockenschütteln und Blättchen von den Stielen zupfen. Knoblauch schälen und hacken. Parmesan, Hälfte des Knoblauchs, Pinienkerne, Basilikum und 4 Esslöffel Olivenöl im Universalzerkleinerer pürieren. Mit Salz und Pfeffer würzen. Rauke waschen, trockenschütteln und in feine Streifen schneiden. Unter das Pesto rühren.

◆ Schalotten schälen und nach Belieben halbieren. Tomaten putzen, waschen und halbieren. Thymian waschen, trockenschütteln und die Blättchen von den Stielen zupfen.

◆ Restliches Öl in einer Pfanne erhitzen, Schalotten darin ca. 6 Minuten braten. Tomaten, restlichen Knoblauch und Thymian zufügen und ca. 3 Minuten weiter braten. Mit restlicher Brühe und Teriyaki ablöschen. Zugedeckt weitere 5 Minuten schmoren lassen.

◆ Inzwischen Butterschmalz portionsweise in einer Pfanne erhitzen. Aus dem Teig nacheinander 6 Crêpes goldbraun backen. Warm stellen.

◆ Pesto auf die Crêpes streichen, aufrollen und nach Belieben in Scheiben schneiden. Braten, Tomatengemüse und gefüllte Crêpes auf einer Platte anrichten und eventuell mit Limettenscheiben, Rauke und Thymian garniert servieren.

Zubereitungszeit ca. 1 1/2 Stunden.
Pro Portion ca. 2470 kJ/590 kcal.
E: 66 g, F: 28 g, KH: 19 g.

Ein saftiger Genuss

FLEISCH & GEFLÜGEL

GEFÜLLTES SCHWEINEFILET

Foto

ZUTATEN FÜR 4 PERSONEN:

2 Schweinefilets (à 300 g)
100 g Lauchzwiebeln
1 Scheibe (25 g) Toastbrot
75 g Doppelrahm-Frischkäse mit Kräutern
1 Eigelb
Salz, weißer Pfeffer
100 g Frühstücksspeck
1 Stiel Rosmarin
1–2 EL Butterschmalz
800 g junge Möhrchen
800 g kleine Kartoffeln
200 ml Kalbsfond
1 leicht gehäufter TL Speisestärke

◆ Filets waschen, trockentupfen. Lauchzwiebeln putzen und hacken. Toast fein mahlen, mit Frischkäse, Lauchzwiebeln und Eigelb mischen. Würzen.

◆ Ein Filet mit Käsemasse bestreichen. 2. Filet darauf setzen. Mit Speck umwickeln, festbinden. Etwas Rosmarin unter das Garn schieben. Im heißen Schmalz ca. 10 Minuten anbraten. Herausnehmen und würzen. Bratensatz mit 1/4 Liter Wasser ablöschen.

◆ Filet auf die Fettpfanne des Backofens legen. Im vorgeheizten Backofen (E-Herd: 200 °C/ Umluft: 175 °C/ Gas: Stufe 3) ca. 30 Minuten garen. Nach ca. 20 Minuten mit Bratenfond ablöschen.

◆ Möhren und Kartoffeln schälen, waschen. Getrennt in Salzwasser 15–20 Minuten garen. Filet herausnehmen und warm stellen. Fond durchsieben, mit Kalbsfond auffüllen und aufkochen. Stärke und etwas Wasser glatt rühren, Soße damit binden und würzen. Alles anrichten.

Zubereitungszeit ca. 1 1/4 Stunden.
Pro Portion ca. 2350 kJ/560 kcal.
E: 46 g, F: 23 g, KH: 40 g.

FILET-PFANNE MIT PILZEN

ZUTATEN FÜR 4 PERSONEN:

250 g kleine Kartoffeln
Salz
400 g Brokkoli
100 g Pfifferlinge
150 g Champignons
1 mittelgroße Zwiebel
300 g Schweinefilet
3–4 EL Öl
weißer Pfeffer
75 ml Weißwein
125 g Schlagsahne
1 EL heller Soßenbinder
Kräuter zum Garnieren

◆ Kartoffeln schälen und waschen. In kochendem Salzwasser ca. 15 Minuten garen. Brokkoli putzen, waschen und in kleine Röschen teilen. In kochendem Salzwasser ca. 12 Minuten garen.

◆ Pilze putzen und waschen. Champignons blättrig schneiden. Zwiebel schälen, fein würfeln. Filet waschen und trockentupfen. In 2 Esslöffel heißem Öl rundherum ca. 5 Minuten anbraten. Mit Salz und Pfeffer würzen.

◆ Zwiebel und Champignons zufügen, kurz mit anbraten und würzen. Mit Weißwein und etwa 200 ml Wasser ablöschen, zugedeckt ca. 12 Minuten schmoren.

◆ Kartoffeln und Pfifferlinge im restlichen heißen Öl 3–5 Minuten braten. Brokkoli zufügen und kurz andünsten. Filet herausnehmen und warm stellen.

◆ Sahne zu den Pilzen gießen. Kurz aufkochen, mit Soßenbinder andicken. Mit Salz und Pfeffer abschmecken. Filet aufschneiden. Mit Brokkoli, Kartoffeln und Pfifferlingen in die Soße geben. Mit Kräutern garniert servieren.

Zubereitungszeit ca. 50 Minuten.
Pro Portion ca. 1380 kJ/330 kcal.
E: 22 g, F: 19 g, KH: 13 g.

LAMMSCHEIBEN MIT RÖSTGEMÜSE

ZUTATEN FÜR 4 PERSONEN:

1,2 kg Lammkeule in Scheiben
125 g Schalotten
250 g Möhren
400 g Kartoffeln
2 EL Öl
Salz
frisch gemahlener Pfeffer
1/4 l Rosé-Wein
1/4 l Gemüsebrühe (Instant)
3 Lorbeerblätter
1 Stiel Rosmarin
2 Stiele krause Petersilie
1 TL Olivenöl
nach Belieben Peperoni zum Garnieren

◆ Lammscheiben waschen und trockentupfen. Schalotten schälen und eventuell halbieren. Möhren und Kartoffeln schälen, waschen und in mundgerechte Stücke schneiden.

◆ Öl in einem großen Bräter erhitzen. Lammscheiben und Gemüse darin unter Wenden ca. 5 Minuten braten. Mit Salz und Pfeffer kräftig würzen. Mit Wein und Brühe ablöschen und aufkochen lassen.

◆ Lorbeer und Rosmarin zufügen. Zugedeckt im vorgeheizten Backofen (E-Herd: 200 °C/ Umluft: 175 °C / Gas: Stufe 3) ca. 20 Minuten schmoren. Anschließend weitere 20 Minuten im offenen Bräter schmoren lassen.

◆ Petersilie waschen, trockenschütteln und fein hacken. Mit Olivenöl verrühren und über die Lammscheiben geben. Nach Belieben mit Peperoni garniert servieren. Dazu schmeckt frisches Baguette-Brot.

Zubereitungszeit ca. 1 1/4 Stunden.
Pro Portion ca. 3230 kJ/770 kcal.
E: 48 g, F: 52 g, KH: 16 g.

HÄHNCHEN-GEMÜSESPIESSE

ZUTATEN FÜR 2 PERSONEN:

100 g Langkorn-Reis
Salz
125 g Zucchini
1 Scheibe Ananas (aus der Dose)
1 kleine Zwiebel
4 rote Kirschtomaten
150 g Hähnchenfilet
2 EL Öl
frisch gemahlener Pfeffer
1 Packung (250 ml) Sauce à la Béarnaise
1–2 TL eingelegte grüne Pfefferkörner
evtl. Thymian zum Garnieren
4 Holzspieße

◆ Reis zugedeckt in kochendem Salzwasser 15–20 Minuten garen. Inzwischen Zucchini putzen, waschen und in Scheiben schneiden. Ananasscheibe vierteln. Zwiebel schälen und in Spalten schneiden. Tomaten putzen und waschen.

◆ Fleisch waschen, trockentupfen und in Stücke schneiden. Vorbereitete Zutaten abwechselnd auf Holzspieße spießen.

◆ Öl in einer Pfanne erhitzen und die Spieße darin bei mittlerer Hitze rundherum 8–10 Minuten braten. Anschließend mit Salz und Pfeffer würzen.

◆ In der Zwischenzeit Soße in einen Topf geben und unter Rühren erhitzen. Grünen Pfeffer zufügen und unterrühren. Spieße, Reis und Soße auf einer Platte anrichten und eventuell mit Thymian garniert servieren.

Zubereitungszeit ca. 30 Minuten.
Pro Portion ca. 2850 kJ/680 kcal.
E: 23 g, F: 41 g, KH: 56 g.

FOOD and more TIPP

Knackfrisches Gemüse, saftiges Fleisch und aromatisches Obst kombiniert mit feinem Reis - so können Sie Ihren Körper mit Vitaminen und Mineralstoffen perfekt versorgen.

HÄHNCHEN-SCHENKEL MIT PILZFÜLLUNG

FOTO

ZUTATEN FÜR 6 PERSONEN

6 Hähnchenschenkel (à 200 g)
300 g Champignons
100 g Zwiebeln
20 g Butterschmalz
Salz, gemahlener Pfeffer
gemahlener Koriander
½ Bund Basilikum
Öl für den Bräter
700 g Zucchini
300 g breite Bandnudeln
30 g Butter/Margarine
6 kleine Holzspießchen

◆ Schenkel waschen, trockentupfen. Pilze putzen, waschen und hacken. Zwiebeln würfeln. Zwiebeln und Pilze im heißen Schmalz ca. 10 Minuten dünsten. Mit Salz, Pfeffer und Koriander würzen. Basilikum, bis auf etwas zum Garnieren, hacken und unter die Pilze heben. Abkühlen lassen.

◆ Haut der Schenkel anheben, jeweils 1/6 der Pilzmasse darunter schieben. Haut mit Holzspießchen feststecken. Schenkel mit Salz und Pfeffer würzen, mit der Füllung nach oben in einen geölten Bräter legen. Im vorgeheizten Backofen (E-Herd: 200 °C/ Umluft: 175 °C/ Gas: Stufe 3) 45 Minuten braten.

◆ Zucchini waschen, putzen und in dünne Scheiben schneiden. Bandnudeln in Salzwasser 10–12 Minuten kochen. Zucchini im heißen Fett etwa 5 Minuten dünsten. Mit Salz und Pfeffer würzen. Hähnchenschenkel mit Zucchinigemüse, Nudeln und evtl. restlicher Füllung anrichten. Mit Basilikumblättern bestreuen.

Zubereitungszeit ca. 1 Stunde.
Pro Portion ca. 2220 kJ/530 kcal.
E: 37 g, F: 26 g, KH: 38 g.

TOMATEN ZU HÄHNCHENFILET

ZUTATEN FÜR 4 PERSONEN:

4 Hähnchenfilets (à ca. 140 g)
½ Glas (135 g) Pesto
Pfeffer aus der Mühle
8 Scheiben Frühstücksspeck
1 EL Öl (z.B. Olivenöl)
2 mittelgroße Zwiebeln
2 Knoblauchzehen
8 mittelgroße Tomaten
Salz
150 g tiefgefrorene Erbsen
Basilikum zum Garnieren

◆ Hähnchenfilets waschen, trockentupfen und eine Tasche einschneiden. Mit Pesto füllen. Fleisch mit Pfeffer würzen. Jedes Hähnchenfilet mit 2 Scheiben Speck umwickeln. Öl in einer Pfanne erhitzen, Hähnchenfilets darin ca. 10 Minuten unter mehrmaligem Wenden braten.

◆ Zwiebeln und Knoblauch schälen. Zwiebeln fein würfeln, Knoblauch halbieren. Tomaten putzen, waschen und vierteln.

◆ Hähnchenfilets warm stellen. Zwiebeln und Knoblauch im Bratfett andünsten. Tomaten zugeben, weitere 5 Minuten garen. Mit Salz und Pfeffer würzen. Erbsen darin ca. 5 Minuten erhitzen.

◆ Tomaten und Erbsen anrichten. Hähnchenfilets in Scheiben schneiden und darauf legen. Mit Basilikum garnieren.

Zubereitungszeit ca. 30 Minuten.
Pro Portion ca. 1760 kJ/420 kcal.
E: 37 g, F: 26 g, KH: 9 g.

Korn für Korn gut
GETREIDEVARIATIONEN

DREIERLEI REISPUFFER

ZUTATEN FÜR 4 PERSONEN:

300 g Reis-Getreidemischung „7 Corn-Equilinia"
Salz, weißer Pfeffer
2 mittelgroße Zwiebeln
20 g Butter/Margarine
4 Eier, 4 EL Mehl
4 EL Öl, 150 g Schweinefilet
1 kleiner Apfel
1 TL getrockneter Majoran
Rosa Beeren oder grober Pfeffer
1 Bund Basilikum
50 g Walnusskerne
1 Avocado, 6 Kirschtomaten
100 g Schlagsahne
1–2 TL Meerrettich (Glas)
3 Scheiben geräucherter Lachs
Zitrone und etwas Dill

◆ Reis-Getreidemischung in Salzwasser 20–30 Minuten gar ziehen lassen. Abkühlen lassen.

◆ Zwiebeln schälen und fein würfeln. Im heißen Fett glasig dünsten. Mit Eiern und Mehl unter den Reis mischen. Würzen. Daraus 12 Puffer formen. In 2 EL heißem Öl braten. Warm stellen.

◆ Filet in Scheiben schneiden. Apfel würfeln. Fleisch im Bratfett anbraten. Apfel darin andünsten. Mit Majoran, Salz, Pfeffer und Rosa Beeren würzen.

◆ Basilikum und Nüsse im Universalzerkleinerer hacken. Mit Rest Öl vermischen. Mit Salz und Pfeffer würzen. Avocado in Spalten schneiden. Tomaten halbieren. Sahne steif schlagen, den Meerrettich unterrühren.

◆ Je drei Puffer mit Avocado, Tomaten und Nusspaste garnieren. Drei Puffer mit Lachs, Meerrettichsahne, Zitrone und Dill belegen. Geschnetzeltes auf die restlichen Puffer verteilen.

Zubereitungszeit ca. 1 1/4 Stunden.
Pro Stück ca. 1170 kJ/280 kcal.
E: 11 g, F: 14 g, KH: 24 g.

WEIZENRISOTTO MIT PILZEN

FOTO

ZUTATEN FÜR 4 PERSONEN:

500 g Weizen (ganzes Korn)
10 g getrocknete Steinpilze
2 Zwiebeln
3 Knoblauchzehen
1 Bund Thymian
300 g Champignons
250 g Möhren
75 g Parmesan-Käse
3 EL Öl
1 l Gemüsebrühe (Instant)
125 g Schlagsahne
Salz, schwarzer Pfeffer
evtl. Basilikum und Parmesanhobel

◆ Weizen über Nacht in ca. 1 ½ Liter Wasser einweichen. Steinpilze in 300 ml heißem Wasser ca. 30 Minuten einweichen.

◆ Zwiebeln grob würfeln, Knoblauch fein hacken. Thymianblättchen abzupfen. Champignons evtl. halbieren. Möhren putzen, waschen und in Scheiben schneiden. Parmesan fein reiben.

◆ Steinpilze abtropfen lassen, Einweichwasser dabei auffangen. Steinpilze fein hacken.

◆ Öl in einem Schmortopf erhitzen, Champignons darin kräftig anbraten. Zwiebeln, Knoblauch, ¾ des Thymians und Steinpilze kurz mit anbraten.

◆ Weizen abtropfen lassen und zu den Pilzen geben. Mit Brühe und Steinpilzwasser ablöschen, ca. 1 Stunde garen. Zwischendurch mehrmals umrühren.

◆ 10 Minuten vor Ende der Garzeit Möhren, Parmesan und Sahne unterrühren. Mit Salz und Pfeffer abschmecken. Mit Rest Thymian bestreuen. Evtl. mit Basilikum und Parmesan garnieren.

Zubereitungszeit ca. 1 ¾ Stunden.
Pro Portion ca. 2810 kJ/670 kcal.
E: 26 g, F: 27 g, KH: 82 g.

REISBÄLLCHEN MIT GEMÜSE

ZUTATEN FÜR 4 PERSONEN:

150 g Reis-Getreide-Mischung „7-Corn-Equilinia"
Salz
1 kg Möhren
1–2 Knoblauchzehen
1 mittelgroße Zwiebel
2 EL Butter/Margarine
gemahlener Koriander
3 TL Curry
½ l Gemüsebrühe (Instant)
1 TL Speisestärke
Pfeffer
einige Spritzer Zitronensaft
1 Ei
40 g Mehl
ca. 100 ml Öl zum Ausbacken

◆ Reismischung in reichlich kochendes Salzwasser geben und zugedeckt 20–30 Minuten ausquellen lassen.

◆ Möhren putzen, schälen und in mundgerechte Stücke schneiden. Knoblauch schälen und durch eine Knoblauchpresse drücken. Zwiebel schälen und fein hacken.

◆ Fett erhitzen. Knoblauch, Zwiebel und Möhren darin andünsten. Mit Salz und Koriander würzen. Mit Curry bestäuben, kurz mit anschwitzen. Mit Brühe ablöschen. Ca. 15 Minuten garen.

◆ Stärke und wenig Wasser glatt rühren und in die Soße geben. Nochmals aufkochen lassen. Mit Salz, Pfeffer und Zitronensaft abschmecken.

◆ Reis mit Ei und Mehl vermischen. Zu ca. 16 kleinen Bällchen formen und im heißen Öl unter Wenden ca. 5 Minuten ausbacken. Reis-Bällchen und Gemüse auf Tellern anrichten.

Zubereitungszeit ca. 45 Minuten.
Pro Portion ca. 1300 kJ/310 kcal.
E: 9 g, F: 11 g, KH: 44 g.

ZWIEBELN MIT GRÜNKERN-CURRY

ZUTATEN FÜR 4 PERSONEN:

100 g Grünkern
6 große Zwiebeln (à ca. 100 g)
3 EL Olivenöl
1 TL Curry
2 TL Gemüsebrühe (Instant)
1 rote Paprikaschote
1 Bund Koriander
50 g Schmand
Salz
50 g mittelalter Gouda-Käse

◆ Grünkern über Nacht in ca. ½ Liter Wasser einweichen. Zwiebeln halbieren, das Innere herauslösen und hacken.

◆ Öl erhitzen, die gehackten Zwiebeln darin andünsten und mit Curry bestäuben. Grünkern mit dem Einweichwasser zufügen und aufkochen. Brühe einrühren, ca. 20 Minuten köcheln.

◆ Paprika fein würfeln. Koriander, bis auf einige Blättchen, fein hacken. Paprika, Koriander und Schmand unter das Curry rühren und abschmecken.

◆ Zwiebelhälften in Salzwasser ca. 5 Minuten garen. Herausnehmen, 200 ml Gemüsewasser abmessen. Zwiebeln mit Grünkern füllen. Käse grob reiben und darüber verteilen.

◆ Zwiebeln in eine Fettpfanne setzen, Gemüsewasser zugießen. Im vorgeheizten Backofen (E-Herd: 200 °C/ Umluft: 175 °C/ Gas: Stufe 3) ca. 25 Minuten backen. Zwiebeln auf einer Platte mit Fond anrichten und mit restlichem Koriander garnieren.

Zubereitungszeit ca. 1 ¼ Stunden (ohne Wartezeit).
Pro Portion ca. 1130 kJ/270 kcal.
E: 10 g, F: 15 g, KH: 25 g.

ZUCCHINI AUF BULGUR

ZUTATEN FÜR 2 PERSONEN:

- 2 mittelgroße Zwiebeln
- 2 EL Olivenöl
- 150 g Bulgur (vorgegarte grobe Weizengrütze)
- ½ l Gemüsebrühe (Instant)
- 2 Knoblauchzehen
- 50 g entsteinte schwarze Oliven
- 50 g getrocknete Tomaten in Öl
- 2 mittelgroße Zucchini
- ½ Bund Thymian
- Salz, weißer Pfeffer
- ½ Mozzarella-Käse (ca. 60 g)
- Petersilie zum Garnieren

◆ Zwiebeln schälen und fein würfeln. Olivenöl erhitzen und Zwiebeln darin glasig dünsten. Bulgur zufügen und andünsten. Brühe angießen, aufkochen und zugedeckt bei schwacher Hitze ca. 5 Minuten köcheln lassen.

◆ Knoblauch schälen und hacken. Oliven halbieren. Tomaten abtropfen lassen, Öl dabei auffangen. Tomaten in Streifen schneiden. Zucchini putzen, waschen und längs halbieren. Thymian waschen, trockenschütteln und die Blättchen abzupfen.

◆ 2–3 Esslöffel Öl der eingelegten Tomaten in einer Pfanne erhitzen. Zucchini darin kurz anbraten. Tomaten, Oliven und Knoblauch zufügen, kurz in der Pfanne schwenken. Mit Salz, Pfeffer und Thymian würzen.

◆ Bulgur in eine feuerfeste Form geben. Zucchini-Gemüsemischung darauf verteilen. Mozzarella in Scheiben schneiden, auf das Gemüse legen und im vorgeheizten Backofen (E-Herd: 225 °C/ Umluft: 200 °C/ Gas: Stufe 4) 8–10 Minuten gratinieren. Mit Petersilie garniert servieren.

Zubereitungszeit ca. 35 Minuten.
Pro Portion ca. 3690 kJ/880 kcal.
E: 26 g, F: 56 g, KH: 62 g.

EXOTISCHER REIS MIT MINZSOSSE

Foto

ZUTATEN FÜR 4 PERSONEN:

350 g Vollkornreis
Salz, weißer Pfeffer
½ Töpfchen Minze
250 g Vollmilch-Joghurt
1 EL Zitronensaft
250 g Lauchzwiebeln
3 Knoblauchzehen
1 Dose (425 ml) Aprikosen
125 g Cashewkerne
2 EL Butter/Margarine
1–1 ½ EL Curry
⅜ l Gemüsebrühe (Instant)
4–5 EL Sojasoße
40 g schwarze Olivenringe
Zitrone zum Garnieren

◆ Reis in 700 ml kochendem Salzwasser zugedeckt bei schwacher Hitze 35–40 Minuten ausquellen lassen.

◆ Minze, bis auf etwas zum Garnieren, hacken. Joghurt, Minze und Zitronensaft verrühren. Mit Salz und Pfeffer abschmecken.

◆ Lauchzwiebeln putzen, waschen und in Ringe schneiden. Knoblauch fein hacken. Aprikosen abtropfen lassen, Saft auffangen. ⅛ Liter Saft abmessen. Cashewkerne in einer Pfanne rösten. Ca. ⅓ beiseite stellen.

◆ Fett in der Pfanne erhitzen, Lauchzwiebeln darin, bis auf 1 Esslöffel, andünsten. Knoblauch, Aprikosen und Curry zufügen und ca. 3 Minuten dünsten. Saft, Brühe und Sojasoße zugießen und 1–2 Minuten kochen lassen.

◆ Soße mit Salz und Curry abschmecken. Reis unterheben. Mit Olivenringen, Rest Lauchzwiebeln und Cashewkernen bestreuen. Mit Zitrone und Minze garnieren. Zum Reis servieren.

Zubereitungszeit ca. 50 Minuten.
Pro Portion ca. 2890 kJ/690 kcal.
E: 17 g, F: 25 g, KH: 97 g.

FOOD and more TIPP

Vollkornreis enthält wichtige Vitamine und Mineralstoffe und hat einen hohen Anteil an Ballaststoffen. Er muss besonders trocken gelagert werden, da der Reis Feuchtigkeit stark anzieht. Allerdings sollte er auch nicht ganz luftdicht verschlossen werden, sonst wird er mit der Zeit muffig!

HIRSESCHNITTEN MIT PILZRAGOUT

ZUTATEN FÜR 4 PERSONEN:

1 mittelgroße Zwiebel
150 g Hirsegrieß
50 g Butter/Margarine
1/2 l Gemüsebrühe (Instant)
1 Eigelb
100 g geriebener Greyerzer- Käse
Salz, weißer Pfeffer
1 Bund Petersilie
1/2 Bund Thymian
1 Tomate
500 g Champignons
100 g Austernpilze
100 g Shiitake-Pilze
150 g Schlagsahne
Tomatenwürfel, Petersilie und Thymian zum Garnieren

◆ Zwiebel schälen und fein hacken. Zwiebelwürfel und Hirsegrieß in 20 g heißem Fett andünsten. Brühe angießen und ca. 5 Minuten quellen lassen.

◆ Hirsegrieß vom Herd nehmen. Eigelb und Käse einrühren. Mit Salz und Pfeffer würzen. In eine Auflaufform (ca. 15 x 20 cm) streichen. Auskühlen lassen.

◆ Petersilie und Thymian hacken. Tomate würfeln. Pilze evtl. halbieren oder vierteln.

◆ Hirsemasse aus der Form stürzen. Daraus ca. 8 Rauten schneiden. Im restlichen Fett ca. 3 Minuten braten. Warm stellen.

◆ Pilze im Bratfett anbraten. Mit 150 ml Wasser ablöschen. Sahne zufügen und mit Salz und Pfeffer würzen. Petersilie und Thymian unterheben. Mit den Hirserauten anrichten. Mit Tomaten, Petersilie und Thymian bestreuen und garnieren.

Zubereitungszeit ca. 35 Minuten.
Pro Portion ca. 2100 kJ/500 kcal.
E: 18 g, F: 35 g, KH: 30 g.

NUDELN MIT MASCARPONE-SOSSE

ZUTATEN FÜR 4 PERSONEN:

300 g Nudeln
(z. B. bunte Bandnudeln)
Salz
150 g Möhren
2 Tomaten
2 Zwiebeln
1 Knoblauchzehe
1 Stiel Rosmarin
1 Bund Majoran
1–2 EL Butter/Margarine
100 ml Weißwein
100 ml Gemüsefond
300 g Mascarpone
(ital. Frischkäse)
Pfeffer
Petersilie zum Garnieren

◆ Nudeln in reichlich kochendem Salzwasser 10–15 Minuten bissfest garen. In der Zwischenzeit für die Soße Möhren schälen, waschen, sehr fein würfeln. Die Tomaten waschen, vierteln und die Kerne entfernen. Das Fruchtfleisch in kleine Würfel schneiden.

◆ Zwiebeln und Knoblauch schälen und fein hacken. Die Kräuter waschen und, bis auf etwas zum Garnieren, hacken.

◆ Fett schmelzen lassen. Zwiebeln, Knoblauch und Möhren darin unter Wenden andünsten. Mit Weißwein ablöschen. 2–3 Minuten bei starker Hitze einkochen lassen.

◆ Gemüsefond und Mascarpone einrühren und erhitzen. Mit Salz und Pfeffer würzen. Gehackte Kräuter und Tomatenwürfel unterheben. Nudeln und Soße mit frischen Kräutern garniert servieren.

Zubereitungszeit ca. 25 Minuten.
Pro Portion ca. 2640 kJ/630 kcal.
E: 13 g, F: 35 g, KH: 58 g.

Mit viel Aroma

KRÄUTER- & GEWÜRZKÜCHE

SAFRAN-CREPES MIT SHRIMPS-FÜLLUNG

Foto

ZUTATEN FÜR 4 PERSONEN:

1 Dose (425 ml) Tomaten
1 rote Chilischote
5 EL Öl
Salz, Cayennepfeffer
1 EL Sherry-Essig
1 TL Zucker
¼ l Milch
2 Eier (Größe M)
1 Döschen Safranfäden
100 g Mehl
1 Becher (365 ml) Shrimps in Lake
1 mittelgroße Zwiebel
1 mittelgroße Avocado
Saft von ½ Zitrone
1 TL zerstoßener schwarzer Pfeffer

◆ Tomaten abtropfen. Chili halbieren, entkernen und hacken. 1 Esslöffel Öl in einer Pfanne erhitzen, Tomaten und Chili darin ca. 15 Minuten schmoren. Mit Salz, Essig und Zucker würzen.

◆ Milch, Eier, 1 Esslöffel Öl, Salz und Cayennepfeffer verquirlen. Safran einrühren. Mehl darauf sieben und glatt rühren. Ca. 10 Minuten quellen lassen.

◆ Shrimps abtropfen lassen. Zwiebel würfeln. Avocado halbieren, Stein herauslösen, Hälften schälen und würfeln. Mit Zitronensaft beträufeln. Shrimps, Zwiebel, Avocado und 1 Esslöffel Öl mischen. Würzen.

◆ Rest Öl in einer beschichteten Pfanne (ca. 20 cm Ø) portionsweise erhitzen. Aus dem Teig 12 dünne Crêpes backen. Warm halten. Mit Shrimpsmischung und Salsa anrichten.

Zubereitungszeit ca. 45 Minuten.
Pro Portion ca. 2010 kJ/480 kcal.
E: 20 g, F: 32 g, KH: 26 g.

QUICHE MIT SPINAT

ZUTATEN FÜR 4 PERSONEN:

1 kg Blattspinat
1 mittelgroße Zwiebel
2 EL Öl, Salz, Pfeffer
geriebene Muskatnuss
1 Paket (400 g) Pizza-Teig (aus dem Kühlregal)
150 g Kirschtomaten
150 g Schafskäse
200 ml Milch, 3 Eier
je ½ Bund Petersilie, Basilikum und Salbei
20 g Pinienkerne

◆ Spinat waschen. Zwiebel hacken und im heißen Öl andünsten. Spinat darin zusammenfallen lassen. Mit Salz, Pfeffer und Muskat würzen.

◆ Teig ausrollen, eine gefettete Auflaufform (20 x 28 cm) damit auslegen. Spinat auf dem Teig verteilen. Tomaten halbieren, Schafskäse würfeln. Beides auf dem Spinat verteilen.

◆ Milch und Eier verrühren. Mit Salz und Pfeffer würzen. Kräuter fein hacken, unterrühren. Über das Gemüse gießen und im vorgeheizten Backofen (E-Herd: 200 °C/ Umluft: 175 °C/ Gas: Stufe 3) 25–30 Minuten backen. Nach ca. 15 Minuten mit Pinienkernen bestreuen.

Zubereitungszeit ca. 1 Stunde.
Pro Portion ca. 2470 kJ/590 kcal.
E: 30 g, F: 26 g, KH: 59 g.

FOOD and more TIPP

Spinat zählt zu den eisenreichen Gemüsesorten und wird heute wieder gern in der feinen Küche verwendet. Im Sommer sind seine Blätter zart und mild, im Winter kräftig und mit ausgeprägtem Geschmack.

DEFTIGE KARTOFFEL-PFANNE

ZUTATEN FÜR 4 PERSONEN:

1 kg kleine Kartoffeln
300 g rote Paprikaschoten
1 Bund Lauchzwiebeln (ca. 175 g)
50 g geräucherter durchwachsener Speck
1 Töpfchen (oder 1/2 Bund) Thymian
2–3 EL Öl
Salz, weißer Pfeffer

◆ Kartoffeln waschen und in kochendem Wasser ca. 20 Minuten garen. In der Zwischenzeit Paprika und Lauchzwiebeln putzen und waschen. Paprika in Stücke und Lauchzwiebeln in Ringe schneiden.

◆ Speck fein würfeln. Thymian waschen, trockentupfen und die Blättchen von den Stielen streifen. Die Kartoffeln abgießen, kalt abschrecken und die Schale abziehen.

◆ Speck in einer großen Pfanne knusprig auslassen und herausnehmen. Öl zum heißen Speckfett geben, erhitzen und die Kartoffeln darin unter Wenden goldbraun braten.

◆ Nach der Hälfte der Bratzeit Paprika und Lauchzwiebeln zufügen. Zum Schluss den Thymian zugeben. Alles mit Salz und Pfeffer würzen. Den Speck unterheben. Kartoffelpfanne auf einer Platte anrichten.

Zubereitungszeit ca. 50 Minuten.
Pro Portion ca. 1260 kJ/300 kcal.
E: 7 g, F: 15 g, KH: 34 g.

LENGFISCHFILET MIT SENFSOSSE

ZUTATEN FÜR 4 PERSONEN:

750 g Lengfischfilet
ca. 1 EL Zitronensaft
Salz
2–3 EL Öl
500 g Kartoffeln
250 g Zucchini
150 g Kirschtomaten
1 EL Butter/Margarine
1 EL Mehl
100 g Schlagsahne
1 Glas (400 ml) Fischfond
Rosa Beeren oder grober Pfeffer
2 EL grober Senf
Limettenscheiben und Dill zum Garnieren

◆ Fisch waschen, trockentupfen, in große Stücke schneiden und evtl. auf Spieße stecken. Mit Zitronensaft und Salz würzen. Die Filets kurz vor dem Servieren ca. 5 Minuten im heißen Öl braten.

◆ Inzwischen die Kartoffeln schälen, Gemüse waschen. Aus Kartoffeln und Zucchini mit einem Kugelausstecher Kugeln ausstechen. Kartoffeln in kochendem Salzwasser ca. 10 Minuten, Zucchini ca. 3 Minuten garen.

◆ Für die Soße Fett schmelzen. Mehl darin anschwitzen. Sahne und Fond unter ständigem Rühren zufügen, aufkochen und bei schwacher Hitze ca. 10 Minuten köcheln. Mit Salz, Rosa Beeren und Senf würzen.

◆ Kartoffeln, Zucchini und Tomaten in der Soße erwärmen. Fisch, Gemüse und Senfsoße mit Limettenscheiben und Dill garniert auf Tellern anrichten.

Zubereitungszeit ca. 45 Minuten.
Pro Portion ca. 1760 kJ/420 kcal.
E: 43 g, F: 18 g, KH: 20 g.

FOOD and more TIPP

Fisch sollte mindestens einmal wöchentlich auf dem Speiseplan stehen. Er zählt wegen seines geringen Fettanteils, den ungesättigten Fettsäuren und seiner guten Bekömmlichkeit zu den wertvollsten Lebensmitteln.

Hier ist Naschen erlaubt

FRUCHTIGE DESSERTS

BUNTER FRÜCHTE-SALAT

ZUTATEN FÜR 4 PERSONEN:

1 mittelgroße Orange (ca. 200 g)
1 mittelgroßer Apfel (ca. 200 g)
1–2 rote Sommerpflaumen (ca. 100 g)
200 g Erdbeeren
250 g gemischte Beeren (z.B. Johannisbeeren, Himbeeren, Brombeeren und Heidelbeeren)
3 EL Zucker

◆ Die Orange so schälen, dass die weiße Haut vollständig entfernt wird. Das Fruchtfleisch zwischen den Trennhäuten herausschneiden und in eine Glasschüssel geben.

◆ Apfel, Pflaumen und Erdbeeren waschen und abtropfen lassen. Apfel entkernen und in feine Stücke schneiden. Apfelstücke zu den Orangenfilets geben und unterheben.

◆ Erdbeeren putzen und halbieren. Die Pflaumen in Spalten vom Stein schneiden. Johannisbeeren waschen, trockentupfen und, bis auf einige zum Verzieren, von den Rispen lösen. Himbeeren verlesen, Brombeeren und Heidelbeeren waschen, abtropfen lassen und mit den Johannisbeeren zu den vorbereiteten Früchten geben.

◆ Früchte mit Zucker bestreuen, vorsichtig mischen und ca. 10 Minuten ziehen lassen. Obstsalat in Schälchen anrichten und mit Johannisbeerrispen verziert servieren.

Zubereitungszeit ca. 30 Minuten.
Pro Portion ca. 500 kJ/120 kcal.
E: 2 g, F: 1 g, KH: 24 g.

OBSTSALAT MIT JOGHURT-HONIGSOSSE

FOTO

ZUTATEN FÜR 4 PERSONEN

3 unbehandelte Orangen
2 Kiwis
1 mittelgroßer Apfel
1 große Banane
1 Päckchen Vanillin-Zucker
½ Töpfchen Minze
125 g Schlagsahne
150 g Magermilch-Joghurt
2 EL flüssiger Honig

◆ Eine Orange gründlich waschen und in Scheiben schneiden. Restliche Orangen so schälen, dass die weiße Haut vollständig entfernt wird. Filets mit einem scharfen Messer aus den Trennhäuten herausschneiden. Orangenhäute ausdrücken und den Saft dabei auffangen.

◆ Die Kiwis schälen und in Scheiben schneiden. Apfel waschen, vierteln, entkernen und in Spalten schneiden. Die Banane schälen und in Scheiben schneiden. Orangensaft und Vanillin-Zucker verrühren. Obst mischen, mit Orangensaft beträufeln.

◆ Minze waschen, trockenschütteln, einige Blättchen zum Verzieren zur Seite legen und die restlichen Blättchen in Streifen schneiden. Die Sahne steif schlagen. Joghurt und Honig glatt verrühren. Sahne und Minzestreifen unterrühren.

◆ Dessertteller mit jeweils 2 Orangenscheiben auslegen. Obstsalat darauf anrichten. Mit einem Klecks Joghurt-Honigsoße servieren und mit den Minzeblättchen verzieren.

Zubereitungszeit ca. 20 Minuten.
Pro Portion ca. 1260 kJ/300 kcal.
E: 5 g, F: 11 g, KH: 42 g.

ERDBEERGRÜTZE MIT SCHNEE-KLÖSSCHEN

ZUTATEN FÜR 4 PERSONEN:

FÜR DIE GRÜTZE:
500 g Erdbeeren
Schale von
1 unbehandelten Zitrone
½ l Johannisbeersaft
2 EL Zucker
1 Päckchen Vanillin-Zucker
1 kleine Zimtstange
2 EL Speisestärke
2 EL Cassis (schwarzer Johannisbeer-Likör)

FÜR DIE SCHNEEKLÖßCHEN:
1 Eiweiß (Größe M)
2 EL Zucker
einige Tropfen Zitronensaft
1 EL gehackte Pistazien

◆ Erdbeeren waschen, putzen und, bis auf 2 Früchte, vierteln. Zitronenschale mit 350 ml Johannisbeersaft, Zucker, Vanillin-Zucker und Zimtstange aufkochen lassen.

◆ Stärke und Rest Johannisbeersaft verrühren, die Flüssigkeit damit binden. Zitronenschale und Zimt entfernen. Die Erdbeeren in die Grütze geben. Mit Cassis abschmecken. Fruchtgrütze erkalten lassen.

◆ Für die Schneeklößchen Eiweiß steif schlagen. Zucker dabei einrieseln lassen und Zitronensaft zufügen. Aus dem Eischnee kleine Klößchen abstechen. Im heißen Wasser ca. 5 Minuten ziehen lassen. Schneeklößchen auf die Grütze setzen. Mit Pistazien bestreuen und mit halbierten Erdbeeren verzieren.

Zubereitungszeit ca. 45 Minuten.
Pro Portion ca. 750 kJ/180 kcal.
E: 2 g, F: 1 g, KH: 37 g.

FOOD and more TIPP

Frische Früchte jeder Art stärken das Immunsystem und schützen vor Krebs. Sie eignen sich hervorragend als kleine Zwischenmahlzeit oder als Dessert und schmecken außerdem noch sehr lecker.

BANANEN MIT CAPPUCCINO-MANDELSCHAUM

ZUTATEN FÜR 4 PERSONEN:

4 EL gehackte Mandeln
1 Becher (250 g) Schlagsahne
50 g Zartbitter-Schokolade
8 EL Cappuccino-Pulver
1 Päckchen Vanillin-Zucker
4 mittelgroße Bananen (à ca. 100 g)
Minze zum Verzieren

◆ Mandeln in einer Pfanne ohne Fett goldgelb rösten. Herausnehmen und abkühlen lassen. 50 g Sahne erhitzen. Die Schokolade hacken und in der Sahne unter Rühren schmelzen. Erkalten lassen.

◆ Restliche Sahne steif schlagen, Cappuccino-Pulver und Vanillin-Zucker dabei einrieseln lassen. Kühl stellen.

◆ Bananen schälen, längs halbieren und schräg in grobe Stücke schneiden. Cappuccino-Schaum mit Bananenstücken und Schokoladensoße auf Tellern anrichten. Mit Mandeln bestreuen und mit Minzeblättchen verzieren.

Zubereitungszeit ca. 20 Minuten (ohne Wartezeit).
Pro Portion ca. 2140 kJ/510 kcal.
E: 8 g, F: 31 g, KH: 47 g.

RICOTTA MIT HIMBEEREN

ZUTATEN FÜR 4 PERSONEN:

40 g Mandelkerne (ohne Haut), 40 g Zucker
250 g Ricotta-Käse
2 Eigelb (Größe M)
50 g Puderzucker
4 EL Vino Santo (ital. Süßwein)
6 EL flüssiger Honig
1 EL Zitronensaft
abgeriebene Schale von je ½ unbehandelten Zitrone und Orange
200 g Schlagsahne
1 Päckchen Vanillin-Zucker
400 g Himbeeren
1 EL brauner Zucker
nach Belieben Zitronenmelisse zum Verzieren
Öl, Alufolie

◆ Mandeln grob hacken. Zucker in einer Pfanne bei mittlerer Hitze goldbraun schmelzen lassen. Mandeln unterrühren. Mandelkrokant auf leicht geölte Alufolie geben. Auskühlen lassen.

◆ Ricotta auf einem Sieb gut abtropfen lassen. Eigelb und Puderzucker mit den Schneebesen des Handrührgerätes dickcremig aufschlagen.

◆ Ricotta, 3 Esslöffel Wein, 4 Esslöffel Honig, Zitronensaft, Zitronen- und Orangenschale cremig rühren. Eigelbcreme unterrühren. Die Sahne halbsteif schlagen, Vanillin-Zucker einrieseln lassen. Sahne unter die Ricottacreme rühren. Kühlen.

◆ Himbeeren verlesen, 150 g Früchte, Rest Wein und braunen Zucker pürieren. Durch ein Sieb streichen. Rest Beeren unterheben. Mandelkrokant hacken.

◆ Ricottacreme in Dessertgläser füllen und mit Himbeerpüree und restlichem Honig beträufeln. Mit Mandeln und nach Belieben Zitronenmelisse verzieren. Restliches Himbeerpüree extra dazu reichen.

Zubereitungszeit ca. 20 Minuten.
Pro Portion ca. 2390 kJ/570 kcal.
E: 12 g, F: 34 g, KH: 50 g.

FRUCHTIGER WELLNESS-FLIP

FOTO

ZUTATEN FÜR 3 GLÄSER
(A CA. 150 ML INHALT):

2 Limetten
2 EL Kokosmilch
200 ml Ananassaft
150 ml Bananensaft
125 g Schlagsahne
1 Päckchen Vanillin-Zucker
nach Belieben frische Kokosnussspiralen und Limettenscheiben

◆ Limetten halbieren und den Saft auspressen. Kokosmilch, Limettensaft, Ananassaft, Bananensaft, Sahne und Vanillin-Zucker kurz pürieren. In Gläser füllen und nach Belieben mit Kokosnussspiralen und Limettenscheiben verzieren.

Zubereitungszeit ca. 10 Minuten.
Pro Glas ca. 840 kJ/200 kcal.
E: 2 g, F: 14 g, KH: 16 g.

◆

PIKANTER ROTE-BETE-SHAKE

ZUTATEN FÜR 4 GLÄSER
(A CA. 175 ML INHALT):

4 frische Eigelb
150 g flüssige saure Sahne
½ l Rote-Bete-Saft
Salz, weißer Pfeffer
½ Bund Dill

◆ Eigelb und saure Sahne kräftig verschlagen. Rote-Bete-Saft unterrühren und mit Salz und Pfeffer abschmecken. Dill fein hacken. Shake in Gläser füllen und mit Dill bestreuen.

Zubereitungszeit ca. 10 Minuten.
Pro Glas ca. 670 kJ/160 kcal.
E: 6 g, F: 10 g, KH: 11 g.

Gesunde Erfrischungen
TOLLE DRINKS

FRISCHER FRÜHLINGSWIND

Foto

ZUTATEN FÜR 2 GLÄSER
(A CA. 240 ML INHALT)

1 Nektarine
2 EL Mandelmus
100 ml frisch gepresster Grapefruitsaft
100 ml frisch gepresster Orangensaft
100 ml Birnensaft
nach Belieben Kokosraspel, Orangenschale und Nektarinenspalte zum Verzieren

◆ Nektarine waschen und vierteln. Das Fruchtfleisch vom Stein lösen, schälen und in kleine Würfel schneiden. Nektarinenwürfel und Mandelmus mit den Fruchtsäften in einen Mixer geben und auf höchster Stufe einige Minuten schaumig pürieren.

◆ Glasrand evtl. mit etwas Saft anfeuchten und in die Kokosraspel halten. Saft einfüllen und nach Belieben mit Orangenschale und Nektarinenspalten verziert servieren.

Zubereitungszeit ca. 10 Minuten.
Pro Glas ca. 840 kJ/200 kcal.
E: 5 g, F: 12 g, KH 21 g.

◆

VITAMIN-COCKTAIL

ZUTATEN FÜR 4 GLÄSER
(A CA. 250 ML INHALT)

½ Becher (250 ml) Kefir
½ l Multivitaminsaft
4 TL flüssiger Honig
Zitronenmelisse zum Garnieren

◆ Kefir und Multivitaminsaft im Mixer oder in einem Schüt-

telbecher kräftig verrühren. Den Honig unterrühren. Cocktail in vier Gläser füllen und mit Zitronenmelisse garnieren.

Zubereitungszeit ca. 5 Minuten.
Pro Glas ca. 750 kJ/180 kcal.
E: 4 g, F: 4 g, KH: 27 g.

MÖHREN-PFIRSICH-DRINK

ZUTATEN FÜR 2 GLÄSER
(A CA. 150 ML INHALT)

8 Pfirsichhälften und
1/8 l Pfirsichsaft (aus der Dose)
1/8 l Möhrensaft
einige Tropfen Öl
Saft von 1/2 Zitrone
4 mittelgroße Möhren
Zitrone und Dill zum Garnieren

◆ Pfirsichhälften und -saft mit dem Schneidstab des Handrührgerätes pürieren. Mit Möhrensaft und Öl verrühren, mit Zitronensaft abschmecken. Möhren putzen, schälen und fein raspeln. In das Getränk einrühren. Drink in Gläser füllen und mit Zitrone und Dill garnieren.

Zubereitungszeit ca. 10 Minuten.
Pro Glas ca. 460 kJ/110 kcal.
E: 1 g, F: 0 g, KH: 23 g.

FOOD and more TIPP

Ein erfrischender Gemüse- oder Früchtedrink weckt die Lebensgeister und macht wieder topfit und aktiv. Einfach ideal für zwischendurch oder zum Frühstück.

KRÄUTERDRINK MIT GURKE

FOTO

ZUTATEN FÜR 4 GLÄSER (A CA. 200 ML INHALT):

300 g Salatgurke
je 1 Bund Dill, Petersilie und Schnittlauch
1 Becher (500 ml) Kefir
Salz, Pfeffer aus der Mühle
2 EL Sherry-Essig
Dill- und Schnittlauchblüten zum Garnieren

◆ Gurke schälen, entkernen und würfeln. Kräuter waschen, Dill und Petersilienblätter abzupfen. Schnittlauch grob hacken. Gurke, Kräuter und Kefir in einem Mixer pürieren. Mit Salz, Pfeffer und Essig würzen. In Gläser füllen, mit Dill- und Schnittlauchblüten garnieren.

Zubereitungszeit ca. 15 Minuten.
Pro Glas ca. 370 kJ/90 kcal.
E: 4 g, F: 4 g, KH: 6 g.

APFEL-KAROTTEN-GETRÄNK

ZUTATEN FÜR 4 GLÄSER (A CA. 150 ML INHALT):

500 g Äpfel
750 g Möhren, etwas Öl
1 unbehandelte Zitrone

◆ Äpfel schälen, entkernen und durch die Saftzentrifuge geben. Möhren schälen, klein schneiden, ebenfalls entsaften. Mit Apfelsaft mischen. Zitrone dünn schälen, Schale als Dekoration in die Gläser hängen, den Saft auspressen. Getränk mit Zitronensaft abschmecken.

Zubereitungszeit ca. 10 Minuten.
Pro Glas ca. 250 kJ/60 kcal.
E: 1 g, F: 0 g, KH: 12 g.

WÜRZIGER FITNESS-MIX

Foto

ZUTATEN FÜR 4 GLÄSER (A CA. 200 ML INHALT):

1 Salatgurke (ca. 450 g)
1 Bund Dill
½ Cantaloup-Melone (ca. 500 g)
50 g Löwenzahn oder Rauke
1 Becher (150 g) Vollmilch-Joghurt
Salz
frisch gemahlener weißer und schwarzer Pfeffer
nach Belieben Löwenzahn, Gurkenscheiben, Dillfähnchen und Dillblüte zum Garnieren

◆ Gurke schälen und in feine Würfel schneiden. Dill waschen, trockenschütteln und die unteren Stielenden abschneiden. Melone halbieren und mit einem Esslöffel die Kerne entfernen. Fruchtfleisch schälen und würfeln. Löwenzahn putzen, waschen und in Streifen schneiden.

◆ Gurke, Melone, Dill und Löwenzahn im Mixer pürieren. Joghurt zufügen und unterrühren. Mit Salz und Pfeffer würzen.

◆ Drink in Gläser füllen, mit Pfeffer bestreuen und nach Belieben mit Löwenzahn, Gurkenscheiben, Dillfähnchen und Dillblüten garnieren.

Zubereitungszeit ca. 15 Minuten.
Pro Glas ca. 420 kJ/100 kcal.
E: 3 g, F: 2 g, KH: 16 g.

Rezept-Register